R 28232

Paris
1834

Bentham, Jéremy

Déontologie, ou science de la morale...

Tome 2

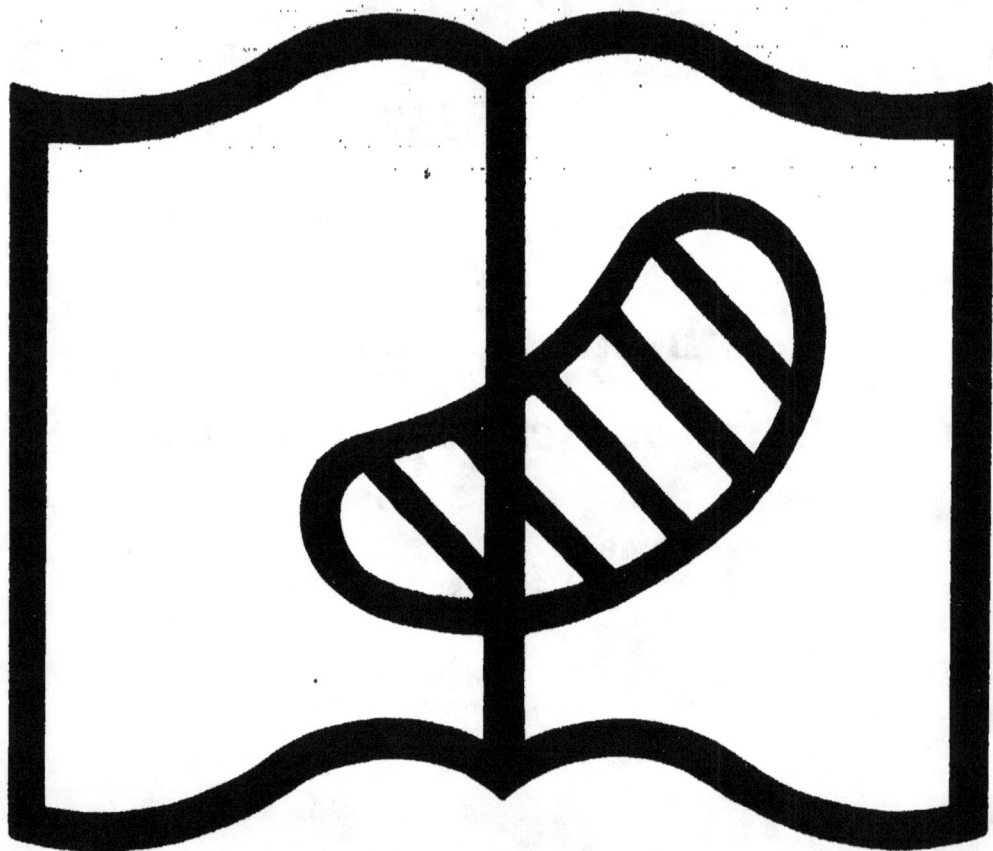

Symbole applicable
pour tout, ou partie
des documents microfilmés

Original illisible

NF Z 43-120-10

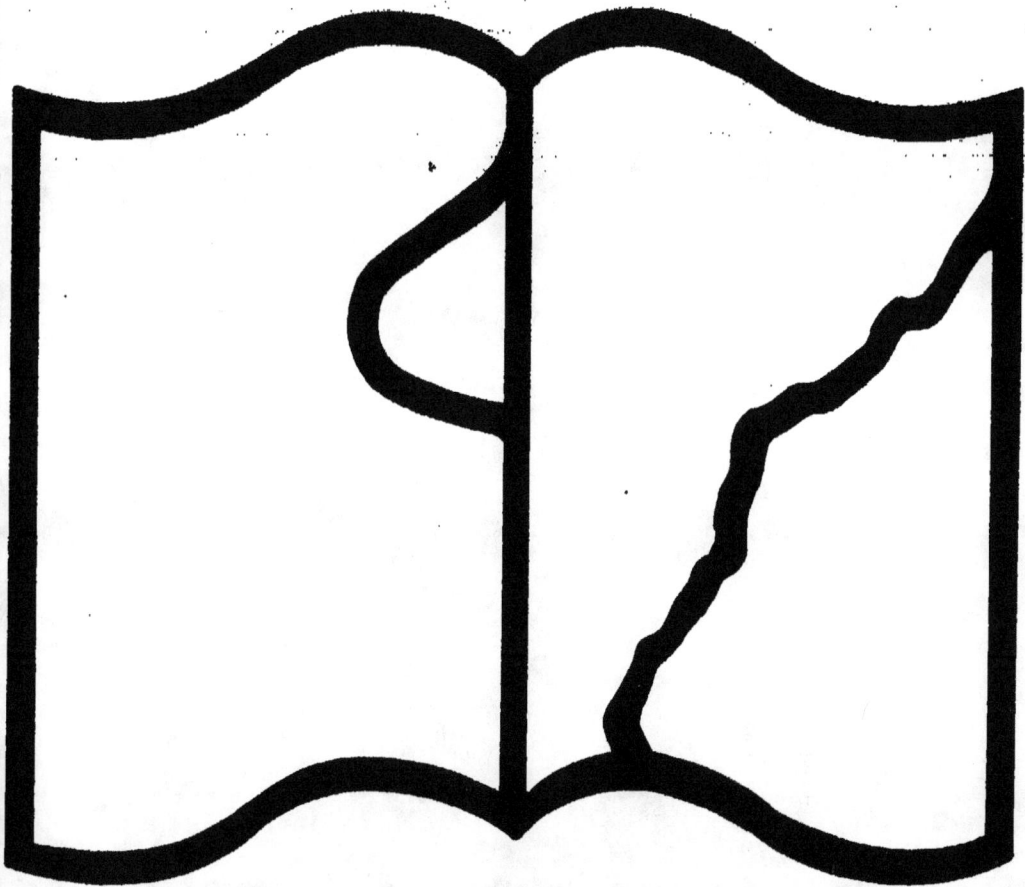

**Symbole applicable
pour tout, ou partie
des documents microfilmés**

Texte détérioré — reliure défectueuse

NF Z 43-120-11

ŒUVRES

DE

JÉRÉMIE BENTHAM.

II.

DE L'IMPRIMERIE DE CRAPELET,
rue de Vaugirard, n° 9.

DÉONTOLOGIE,

OU

SCIENCE DE LA MORALE.

OUVRAGE POSTHUME

DE JÉRÉMIE BENTHAM,

REVU, MIS EN ORDRE ET PUBLIÉ

PAR JOHN BOWRING,

TRADUIT SUR LE MANUSCRIT

PAR BENJAMIN LAROCHE.

II.

PARIS.

CHARPENTIER, LIBRAIRE-ÉDITEUR,

RUE DE SEINE, N° 31.

1834.

DÉONTOLOGIE.

SECONDE PARTIE.

APPLICATION.

TABLE

DES MATIÈRES.

—

DEUXIÈME PARTIE.

FIN DE LA TABLE.

PRÉFACE.

Nous sommes loin de prétendre que ce volume contienne des règles applicables à tous les cas possibles ou probables auxquels on voudrait faire l'application du code déontologique. Mais les principes étant une fois établis, et appuyés d'un grand nombre d'exemples, on peut s'en reposer sur le lecteur du soin de recueillir les faits qui tomberont dans le domaine de ses propres observations, pour les soumettre aux règles fondamentales que cet ouvrage met à sa disposition. En agissant ainsi, il secondera la pensée du philosophe sage et bienveillant qui a légué cet ouvrage. «J'espère, dit-il dans un de ses mémoranda, que d'autres, mettant à profit l'expérience de leurs amis, contribueront, par leurs soins, à recueillir et à noter les cas auxquels les vrais principes de la morale sont applicables, qu'ils les résoudront par des règles sûres, et donneront les raisons de leurs solutions. » Il avait coutume de dire qu'avant peu l'observation arriverait à condenser toute la substance de la morale dans un petit nombre de règles, qui deviendraient le *vade mecum* de chaque homme, et pourraient être appliquées à tous les cas nécessaires. «Un jour viendra, ajoutait-il, que ces règles se liront sur la couverture des almanachs; ces publications éphémères perdent chaque jour de leur valeur, et, à la fin de l'année, ne sont plus bonnes à rien; mais leur partie morale, exprimant des principes immuables, sera toujours nouvelle, toujours vraie, toujours utile. »

Je ne puis mieux rendre les vues de notre

auteur qu'en citant ses propres paroles dans leur simplicité touchante et caractéristique.

« J'ai adopté pour guide le principe de l'utilité. Je le suivrai partout où il me conduira. Point de préjugés qui m'obligent à quitter ma voie. Je ne me laisserai ni séduire par l'intérêt, ni effrayer par les superstitions. Je parle à des hommes éclairés et libres. Qu'ai-je à craindre ? Je démontrerai avec tant d'évidence que l'objet, le motif, le but de mes investigations est l'augmentation de la félicité générale, qu'il sera impossible à qui que ce soit de faire croire le contraire. Pour cela, que ferai-je ? Je m'adresserai à mes semblables, je leur ouvrirai mon cœur. Je jetterai mon offrande sans réserve à leurs pieds. Je n'écris pas pour une populace athénienne, pour une plèbe fanatique ; j'écris pour des hommes dont un grand nombre, eussé-je infiniment plus de mérite que je ne m'en crois en effet, seraient en état d'être mes juges. »

Il n'y a, à proprement parler, que deux partis en morale ou en politique, de même qu'en religion. L'un est *pour,* l'autre *contre* l'exercice illimité de la raison. Je l'avoue, j'appartiens au premier de ces partis. Je professe une communauté de sentimens plus intime, j'éprouve une sympathie plus vive pour ceux qui sont d'accord avec moi sur ce seul point, que pour ceux qui, ne partageant pas mes idées sur cet article, les partagent sur tous les autres. Ce sont ces deux points qui constituent les deux grandes hérésies. Les autres ne sont que des schismes.

Les matériaux qui ont servi à composer ce volume consistaient, pour la plupart, en fragmens éparpillés sur de petits morceaux de papier, écrits sous l'inspiration du moment, souvent à de longs intervalles, et remis par l'auteur, entre mes mains, sans ordre et sans aucune espèce de plan.

JOHN BOWRING.

INTRODUCTION.

———

Nous nous proposons, dans ce volume, de faire
l'application pratique du système de la morale
déontologique; de mettre en action ce qui n'é-
tait qu'en principes et en opinions. La règle de
conduite est posée; nous allons maintenant voir
comment elle est applicable aux choses ordinaires de la vie, et démontrer son aptitude à la
création du bonheur et à la diminution du malheur de l'homme.

La théorie de la science morale a été suffisamment développée dans le volume consacré à cet objet. Néanmoins, pour faire mieux comprendre et pour rendre d'une application plus utile la loi déontologique, il est à propos de revenir brièvement sur les principes que nous avons eu pour but d'établir, afin de les avoir sous la main à mesure que les occasions diverses d'abstinence et d'action s'offriront à nos regards. Nous espérons que l'instrument philosophique ne perdra rien aux yeux de la sagesse ou de la vertu, lorsqu'on le verra à l'œuvre, et exécutant sa tâche morale. Cette partie de notre travail sera, pour le moraliste éclairé, ce que sont pour les jurisconsultes les décisions judiciaires et la jurisprudence des arrêts; et si l'on arrive à cette conclusion, que notre législation conduit dans tous les cas à des décisions satisfaisantes, dès lors l'excellence du code dont nous recommandons l'adoption, aura été prouvée.

Les lois, dans tous les pays, embrassent, dans leur sphère, une portion considérable des actions humaines. Toutes les fois que les souffrances causées par l'inconduite, sont assez grandes pour infliger un notable dommage aux personnes ou aux propriétés de la communauté, alors intervient la rétribution pénale avec ses châtimens. Quand des actions sont jugées bienfaisantes dans une sphère assez étendue pour appeler l'attention des autorités législatives ou administratives, des récompenses publiques leur sont décernées. Hors de ces limites, cependant, la conduite humaine produit une grande masse de jouissances et de souffrances; c'est ce qui constitue le domaine de la morale. Ses prescriptions deviennent une sorte de loi fictive. Naturellement, ces prescriptions dépendent des sanctions sur lesquelles elles s'appuient; et ce n'est qu'en plaçant la conduite des hommes sous l'opération de ces sanctions, que le moraliste, le pontife ou le législateur, peuvent obtenir quelque succès ou quelque influence.

Ces sanctions dispensent leurs peines et leurs plaisirs, leurs récompenses et leurs châtimens; et elles émanent des sources suivantes :

1°. La sanction pathologique, qui comprend les sanctions physique et psychologique, ou les plaisirs et les peines d'une nature corporelle;

2°. La sanction morale ou sympathique, qui est le résultat immédiat des relations domestiques et sociales de l'individu;

3°. La sanction morale ou populaire, qui est l'expression de l'opinion publique;

4°. La sanction politique, qui comprend la sanction légale et administrative, et qui est plus du domaine de la jurisprudence que de celui de la morale proprement dite;

5°. Les sanctions religieuses, propriétés exclusives du prêtre.

Le Déontologiste a peu de rapports avec ces deux dernières. Elles constituent les instrumens que le législateur et le pontife emploient.

Comme nous l'avons dit plus d'une fois, la sphère de la conduite de l'homme se partage en deux grandes divisions; l'une se rapporte à lui, l'autre à autrui : elles comprennent les considérations personnelles et extra-personnelles. Toutes

les actions qui nous concernent nous-mêmes, et
qui ne sont pas indifférentes, sont ou prudentes
ou imprudentes. Toutes les actions qui concernent les autres, et qui ne sont pas indifférentes, sont ou bienfaisantes ou malfaisantes. Il
en résulte que la vertu et le vice, toutes les vertus et tous les vices, appartiennent aux relations individuelles ou sociales. La vertu individuelle est de la prudence; la vertu sociale est de
la bienveillance. Toutes les vertus sont donc des
modifications de la prudence et de la bienveillance. Non que toute prudence soit vertu, car
il y a de la prudence dans toutes les fonctions
ordinaires de la nature; pour qu'il y ait vertu,
il faut qu'il y ait sacrifice de la tentation d'une
jouissance actuelle à une jouissance à venir plus
grande. Non que toute bienveillance soit vertu,
car la bienveillance peut favoriser tout à la fois
le vice et le malheur; mais, afin d'être efficace,
il faut que son action tende à diminuer ou à
éteindre l'un et l'autre. Toute vertu a pour
base le bonheur individuel, dont la recherche

est nécessaire à l'existence même de la race humaine, à l'existence de la vertu, et dont la recherche éclairée est la seule ressource véritable pour arriver à la propagation de la vertu, et à la félicité qui en est la conséquence.

Dans la recherche de cette félicité, à qui l'homme a-t-il à faire? A lui, dans les choses qui ne regardent point autrui; à lui, dans les choses qui regardent autrui; à autrui, dans les choses qui regardent soit lui, soit les autres. C'est dans ce cercle que rentrent toutes les questions de devoir, et, conséquemment, toutes les questions de vertu; et c'est dans ces divisions que doivent être ramenées toutes les investigations morales.

La première investigation doit se porter sur la conduite qui concerne l'individu seul, et qui n'influe en rien sur les peines ou les plaisirs d'autrui, c'est-à-dire sur la conduite purement personnelle.

Quand l'influence de la conduite ne va pas au-delà de l'individu; quand ses pensées, ses

goûts, ses actes, n'affectent pas autrui, la ligne
de ses devoirs est facile à tracer. Il lui faut pour-
voir à ses jouissances personnelles : il faut, qu'a-
près avoir comparé un plaisir à un autre, et fait
entrer en compte toutes les peines correspon-
dantes, il obtienne pour résultat un surplus
de bonheur capable de soutenir l'épreuve de la
pensée et du temps. Quant à ses actes corporels,
il lui faudra peser les conséquences de chacun
d'eux; la souffrance résultant du plaisir, le plaisir attaché à la privation. Pour ce qui concerne
ses actes intellectuels, il devra veiller à ce que
des pensées agréables actuelles n'amènent pas
un excédant de souffrances à venir. Quand sa
pensée se fixera sur le passé, il devra avoir soin
de ne l'arrêter que sur des objets propres à
procurer un profit de bonheur; quand elle se
portera sur l'avenir, qu'il y ait ou qu'il n'y
ait pas nécessité d'agir, il mettra sa sagesse à
éviter des espérances qui doivent être déçues,
ou qui, somme toute, ne peuvent donner
qu'une perte de plaisir. Que dans les espérances

qu'il lui arrivera de former, il ait soin de ne pas
ajouter au mal à venir possible, l'influence plus
pernicieuse d'un mal présent positif. Qu'il ne
crée pas aujourd'hui et à l'avance un malheur
qui peut fort bien ne pas avoir lieu plus tard.

Dans les relations où le bonheur d'un homme
est attaché à celui d'autrui, et qu'on peut considérer comme rentrant dans le domaine de la
prudence extra-personnelle, la Déontologie lui
apprendra à appliquer ces mêmes règles de conduite, par lesquelles le bonheur est créé et le
malheur évité, et à suivre attentivement des
yeux le flux et reflux que sa conduite, à l'égard
des autres, peut amener dans son propre bien-
être individuel. Car, jusqu'à ce que vous ayez
fait voir à un homme le rapport qui existe entre
ses relations avec les autres et son propre bonheur, c'est vainement que vous lui parlerez de
la conduite qu'il doit suivre à leur égard. Sa
bienveillance ne sera que la réaction des bienfaits reçus ou espérés. La Déontologie lui apprendra la conduite qu'il doit suivre à l'égard

des hommes en général, et lui fera voir comment ses actes doivent être modifiés par toutes les circonstances qui, dans ses relations sociales, appellent son attention spéciale. Elle lui indiquera les devoirs particuliers qui, dans son intérêt individuel, lui sont prescrits à l'égard de ses égaux, de ses inférieurs, de ses supérieurs. Elle le guidera dans ses rapports avec ceux auxquels l'unissent des relations habituelles ou fréquentes, de même qu'avec ceux avec qui il n'a que des rapports accidentels, ses amis, ses concitoyens, les étrangers. Elle lui enseignera à départir à chacun d'eux la portion de sympathie prudentielle qui, en dernier résultat, doit conduire à la plus grande somme de bien définitif.

Quand ce sera le pouvoir de la bienveillance qui entrera en opération, la Déontologie se tiendra près d'elle avec ses bienfaisantes instructions. Dans une main elle porte un frein pour réprimer la tendance à infliger des peines, dans l'autre un aiguillon pour exciter la disposition à communiquer du plaisir. Elle met son *veto* sur la volonté qui veut nuire ; elle offre ses récompenses à celle qui veut être utile ; elle met le doigt du silence sur les lèvres dont les paroles pourraient déplaire, sans qu'il résultât un excédant de bien pour l'auditeur ou pour la société en général : elle permet l'expression du langage qui peut conférer une jouissance, sans un excédant de mal, soit pour celui qui parle, soit pour ceux qui écoutent. Le langage écrit qui déplait, blesse ou irrite, sans qu'il en résulte un bien décisif, tombe sous sa censure et ses interdictions. Quand les travaux de l'écrivain ont pour objet de communiquer la vérité et la science, de dévoiler la conduite coupable, lorsque dans cette révélation il y a utilité prédominante ; quand l'écrivain a pour but d'empêcher du mal, d'effectuer du bien ; lorsqu'en un mot il doit résulter de la publication de son ouvrage, une plus grande portion de bien que de mal, la Déontologie lui donne son assentiment.

Elle applique la même règle aux actions ; elle

retient la main qui se prépare à infliger une
peine, à moins que ce ne soit pour empêcher
une peine plus grande. Elle conseille le transfert
de toute espèce de bonheur aux autres, excepté
lorsque ce transfert conduit à un sacrifice de
bonheur plus grand que le bonheur conféré. A
ses yeux le bonheur est un trésor d'un tel prix,
d'une telle importance, qu'elle ne peut consentir à en perdre volontairement la plus petite
partie. Elle le suit dans tous ses déplacemens,
et voudrait le ramener à ceux qui l'ont laissé
échapper. Si la Déontologie nous donne ses conseils prudens, c'est avec l'affection d'une mère;
si, pour nous détourner d'une conduite irrégulière, son front s'arme quelquefois de sévérité,
aussitôt qu'elle a réprimé notre erreur, son sourire maternel récompense notre docilité.

Le Déontologiste trouve, dans les élémens de
la peine et du plaisir, des instrumens suffisans
pour accomplir sa tâche. « Donnez-moi la matière et le mouvement, disait Descartes, et je
ferai un monde physique ». « Donnez-moi, peut

dire à son tour le moraliste utilitaire, donnez-
moi les affections humaines, la joie et la douleur, la peine et le plaisir, et je créerai un monde
moral. Je produirai non seulement la justice,
mais encore la générosité, le patriotisme, la
philanthropie, et toutes les vertus aimables ou
sublimes dans toute leur pureté et leur exalta-
tion. »

Mais on répond : « Votre principe d'utilité
est inutile; il ne saurait inciter aux actions vertueuses; il ne peut empêcher les actions vicieuses ». Si cela est, tant pis; aucun autre principe ne peut remplacer celui-là; aucun autre
n'a autant d'efficacité pour encourager le bien
et décourager le mal. Obtiendrez-vous plus avec
ce grand mot de *devoir*, cette éternelle pétition
de principe, avec ces termes absolus de *bien*,
d'*honnête*, d'*utile*, de *juste*?

Quels motifs peuvent fournir d'autres systèmes, qui ne soient empruntés de celui-ci?

Qu'on fasse retentir tant qu'on voudra des
mots sonores et vides de sens, ils n'auront au-

cune action sur l'esprit de l'homme; rien ne
saurait agir sur lui, si ce n'est l'appréhension
du plaisir et de la peine.

Et en effet, si l'on pouvait concevoir une
vertu qui ne contribuât en rien au bonheur de
l'humanité, ou un vice qui n'influât en rien sur
son malheur, quel motif pourrait-il y avoir pour
embrasser l'une et éviter l'autre? Il n'y en aurait
aucun pour l'homme, attendu qu'il serait complétement désintéressé dans la question. Ces
motifs n'existeraient pas même pour Dieu, cet
être tout bienveillant, qui se suffit à lui-même;
qui, placé hors de l'atteinte des effets des actions humaines, ne doit les apprécier que par
leurs résultats, et dont la bienveillance ne doit
avoir d'autre but possible que ce même bonheur
qui fait l'objet de la saine morale.

Parlons donc avec franchise, et avouons que ce
qu'on a appelé devoir envers nous-mêmes n'est
que de la prudence; que ce qu'on nomme devoir envers autrui, c'est de la bienveillance effective; et que tous les autres devoirs, toutes

les autres vertus, rentrent dans l'une ou dans l'autre de ces deux divisions. Car il est hors de doute que Dieu veut le bonheur de ses créatures, et il a rendu impossible à l'homme de ne pas faire tous ses efforts pour l'obtenir.

C'est dans ce but, et dans ce but seulement, qu'il lui a donné toutes les facultés qu'il possède.

Il est absurde en logique, et dangereux en morale, de représenter Dieu comme se proposant des fins opposées à toutes les tendances de notre nature; car c'est lui qui a créé ces tendances.

Supposer qu'un homme peut agir sans motif, et à plus forte raison contrairement à un motif agissant isolément, c'est supposer un effet sans cause, ou obéissant à une cause contraire.

Supposer que la Divinité l'exige, c'est faire une supposition contradictoire; c'est prétendre que Dieu nous ordonne de faire ce qu'il nous a rendu impossible; que sa volonté est opposée à

sa volonté, ses fins à ses fins; en un mot, que de
la même parole il défend et commande la même
action. C'est sans contredit sa voix qui nous
parle dans les impulsions des principes de notre
nature; cette voix, que tous les cœurs entendent, à laquelle tous les cœurs répondent.

Avouons-le, cependant, il arrive souvent que
les discussions, relatives aux bases de la morale, sont conduites d'une manière peu propre
à avancer sa cause. « Vos motifs sont mauvais,
dit l'incrédule au croyant, vous êtes intéressé à
tromper; vous soutenez l'imposture qui vous
fait vivre. » « Et vous, réplique le croyant, vous
n'êtes influencé que par l'amour du paradoxe, le
désir de vous singulariser; sinon, par des motifs
pires encore, le dessein arrêté de déraciner la
religion, de lui faire tout le mal dont vous êtes
capable. Votre méchanceté est universelle. C'est
la haine du genre humain qui vous anime. »
Au milieu de telles récriminations, d'une semblable appréciation des motifs, l'incrédule a rarement raison, le croyant jamais.

Quand le moraliste s'avance au-delà des limites de l'expérience, quand il se laisse guider
par d'autres considérations que celles du bonheur ou du malheur des hommes, il marche
sur un terrain inconnu, et dans des voies sans
issue.

Ce que nous ignorons, comment en raisonner?

Et l'habitude de faire intervenir la Divinité, non
telle qu'elle nous est connue, mais telle que se
la figurent, ou feignent de la représenter ceux
qui voudraient subordonner ses attributs à leurs
théories, ne fait que rendre leur dogmatisme
plus odieux. Le bonheur de l'humanité est une
richesse trop précieuse pour la sacrifier à un
système quel qu'il soit. Un être bienfaisant ne
saurait avoir voulu que le bonheur d'une vie
future, présenté comme récompense à la vertu,
fût employé à introduire des idées erronées sur
la vertu. En fait, s'il est permis aux moralistes
de s'appuyer sur un état de choses qui leur est

inconnu, il n'est pas de système qu'ils ne puissent impunément soutenir ; s'ils ont carte
blanche pour créer des suppositions, qui peut
les retenir dans cette voie d'extravagance? S'ils
peuvent à leur gré mutiler et torturer la bienveillance divine, la ployer à tous les besoins de
leur malveillance, il n'est pas de jeûne, de discipline, de macérations, de déplorables caprices
d'un moine de l'Occident, ou d'un fakir de
l'Orient, dont on ne puisse prouver les mérites
et imposer le devoir. Malheur à la religion qu'on
voudrait mettre en hostilité directe avec la morale ! car nulle religion ne pourra être conciliée
avec la raison, qu'à la charge de prouver qu'elle
a pour but non de dissoudre, mais de fortifier
les liens sociaux. Et quel appel plus universel
que celui qui est fait au cœur de chacun de
nous? Et comment Dieu pourrait-il se manifester avec plus d'évidence que par ces sentimens infaillibles, inextinguibles, universels
qu'il a mis en nous? Quelles *paroles* pourraient
égaler la force de ce fait omni-présent, qu'il est

de l'essence de notre nature de vouloir notre propre bonheur? Et qui a fait nature ce qu'elle est? Notre bonheur *présent*, il faut le redire : parce que ça n'est qu'autant qu'elles sont liées au présent que des idées d'avenir peuvent arriver à notre intelligence. C'est donc sur cette base de la tendance invincible de l'homme à se procurer sa propre félicité, que nous asseyerons notre édifice, sans rien craindre pour sa solidité. Car c'est là un fait incontestable, qui n'admet pas l'ombre d'un doute, supérieur à tous les principes de raisonnement, et dont la force est irrésistible. Et que l'esprit ne se laisse pas égarer par des distinctions imaginaires entre les plaisirs et le bonheur. Les plaisirs sont les parties d'un tout qui est le bonheur.

Le bonheur, sans les plaisirs, est une chimère et une contradiction. C'est un million sans unités, un mètre sans ses subdivisions métriques, un sac d'écus sans un atome d'argent.

Il est bien entendu qu'en nous efforçant d'appliquer le code de la morale déontologique aux

choses de la vie, en cherchant à déplacer toutes
ces théories qui n'ont ni le bonheur pour but,
ni la raison pour instrument, nous n'avons le
dessein de prescrire des lois qu'en tant qu'il peut
y avoir application du principe de l'utilité.

Proscrire l'*ipse-dixitisme* d'un autre, pour lui
substituer le sien, ne saurait convenir au Déontologiste, et, de tous les ipse-dixitismes, il n'en
est aucun qui lui soit plus antipathique que celui
de l'ascéticisme. Les autres principes peuvent être
ou ne pas être erronés; le sentimentalisme, qui
égare quelquefois, peut aussi conduire dans les
voies de la bienveillance, sans assez s'écarter de
celles de la prudence, pour rendre la bienveillance
pernicieuse; mais le principe ascétique ne peut
qu'être erroné, de quelque manière qu'il soit
mis en action. Il s'écrie, à l'exemple de Satan :
« O mal, sois pour moi le bien! » Il transforme
les vertus, et cherche à les déplacer de leur véritable base, le bonheur. En effet, l'ascéticisme est le
produit naturel des siècles de barbarie et de superstition; c'est la représentation d'un principe

qui cherche à tyranniser les hommes, en faisant
du devoir autre chose que ce que l'intérêt nous
indique. Le critérion du bonheur étant dans le
cœur de tout homme; ses peines et ses plaisirs
étant exclusivement à lui; et lui seul étant juge
compétent de leur valeur, il est clair qu'afin
d'obtenir sur lui de l'autorité, afin de faire des
lois, non dans son intérêt, mais dans celui du
législateur, il faut en appeler à d'autres influences qu'à celles de ses propres émotions. De
là la prétention d'opposer l'autorité à la raison
et à l'expérience; de là une disposition trop fréquente à exalter le passé aux dépens du présent,
à vanter l'existence d'un âge d'or à une époque
où la science était dans son berceau, et à présenter la médiocrité dorée d'Horace (*aurea mediocritas*) comme le véritable critérion de la
vertu. « La médiocrité », disaient les anciens :
« un juste milieu », répètent les modernes;
phrases inutiles et trompeuses, bien propres à
tenir l'esprit et les affections éloignés de la direction la plus sûre et la plus judicieuse. Et

puis, subtilisant des subtilités, divisant l'indivi-
sible, des moralistes ont introduit une classe de
vertus qui ne sont pas encore des vertus, et
qu'ils ont appelées *semi-vertus*. Examinez-les de
près, dégagez-les de tout ce qu'elles contiennent
de prudence et de bienfaisance bienveillante, le
reste ne vaut pas la peine d'en parler, et il n'y a
qu'impertinence et folie à en faire parade.

L'omni-présence de l'affection personnelle et
son union intime avec l'affection sociale, forment
la base de toute saine moralité. Que dans la nature de l'homme il existe certaines affections dissociales, ce fait, loin de nuire aux intérêts de
la vertu, constitue, au contraire, une de ses
sécurités les plus grandes. Les affections sociales
sont les instrumens par lesquels le plaisir est
communiqué à autrui; les affections dissociales
sont celles qui tiennent en échec les affections
sociales, quand il s'agit de faire à la bienfaisance plus de sacrifices que n'en autorise la prudence; en d'autres termes, quand la somme de
bonheur, perdue pour nous, doit excéder celle

que doivent gagner les autres. Mais qu'on n'aille
pas, à ce terme de dissocial, rattacher aucune
idée d'antipathie. La haine, la colère, l'indi-
gnation, et toutes les passions de la même nature, peuvent égarer ou aveugler le législateur;
elles ne sauraient lui servir, dans ses investigations sur les causes des vices, et sur les re-
mèdes à leur appliquer.

Le législateur doit être impassible comme le
géomètre. Tous deux résolvent des problèmes
à l'aide de calculs calmes. Le Déontologiste est
un arithméticien qui a les peines et les plaisirs
pour chiffres. Lui aussi, il additionne, il sous-
trait, il multiplie, il divise, et c'est là toute sa
science. Et certes la paisible influence de pensées calmes facilitera plus le résultat de ses travaux, que ne pourraient le faire les égaremens
de l'imagination, les emportemens de la passion.

Pour faciliter l'intelligence du sujet, et pour
aider la mémoire, il ne sera pas inutile de clas-
ser les principes déontologiques sous différentes
divisions, en leur donnant la forme d'axiomes.

On peut définir le bonheur, la possession des plaisirs avec exemption de peines, ou la possession d'une plus grande somme de plaisirs que de peines.

Le bien et le mal, divisés dans leurs élémens, se composent de plaisirs et de peines.

Ces plaisirs et ces peines peuvent être ou négatifs ou positifs, résultant ou de l'absence de l'une ou de la présence de l'autre.

La possession d'un plaisir, ou l'absence d'une peine qu'on craignait, est un bien.

La présence d'une peine, ou l'absence d'un plaisir promis, est un mal.

La possession ou l'attente d'un plaisir est un bien positif. L'exemption d'une peine, ou une cause d'exemption de peine, constitue un bien négatif.

Les sensations sont de deux sortes, celles qu'accompagnent un plaisir ou une peine, et celles qui n'en sont point accompagnées. C'est seulement sur celles qui produisent de la peine ou des plaisirs que les motifs ou les sanctions peuvent être amenés à opérer.

La valeur d'un plaisir, considéré isolément, dépend de son intensité, de sa durée, et de son étendue. En raison de ces qualités est son importance pour la société, ou, en d'autres termes, sa puissance d'ajouter à la somme du bonheur individuel et général.

La grandeur d'un plaisir dépend de son intensité et de sa durée.

L'étendue d'un plaisir dépend du nombre d'individus qui en jouissent.

Les mêmes règles sont applicables aux peines.

La grandeur d'un plaisir ou d'une peine, dans une de ses qualités quelconques, peut compenser ou plus que contre-balancer son absence dans une autre.

Un plaisir ou une peine peuvent être productifs ou stériles.

Un plaisir peut être productif de plaisirs ou de peines; productif de plaisirs dont il est lui-même la source, ou de plaisirs d'une autre nature; il peut aussi être productif de peines; et, pareillement, une peine peut être productive de peines ou de plaisirs.

Quand les peines et les plaisirs sont stériles, le calcul des intérêts est facile. La tâche du moraliste se complique quand les peines et les plaisirs produisent des fruits d'une autre nature que la leur.

Un plaisir ou une peine peuvent résulter soit d'un autre plaisir ou d'une autre peine, soit de l'acte qui produit cet autre plaisir ou cette autre peine.

Si l'acte est la source d'où naît ce plaisir ou cette peine, c'est l'acte qui est productif; si c'est le plaisir qui produit le plaisir ou la peine secondaire, la puissance productive est dans le plaisir.

Le plaisir produit par la contemplation du plaisir d'autrui, est un plaisir de sympathie.

La peine soufferte par la contemplation de la peine éprouvée par autrui, est une peine de sympathie.

Le plaisir éprouvé par la contemplation de la peine d'autrui, est un plaisir d'antipathie.

La peine soufferte par la contemplation du plaisir d'autrui, est une peine d'antipathie.

La bienveillance d'un homme doit être évaluée en raison du nombre d'individus, des peines et des plaisirs desquels il tire ses plaisirs et ses peines de sympathie.

Les vertus d'un homme doivent être évaluées par le nombre des individus dont il recherche le bonheur, c'est-à-dire la plus grande intensité, et la plus grande quantité de bonheur pour chacun d'eux, en faisant entrer en considération le sacrifice volontaire qu'il fait de son propre bonheur.

La balance des plaisirs et des peines étant établie, l'excédant de plaisir est évidence de vertu; l'excédant de peine est évidence de vice.

Hors de là, et indépendamment de ces excédans de peines et de plaisirs, il n'y a dans les mots de vertu et de vice que vide et folie.

Non que la quantité de bonheur détermine la quantité de vertu; car il y a beaucoup de bonheur avec lequel la vertu n'a rien de commun. La vertu implique la présence d'une difficulté, ainsi que la présence de la puissance productive relativement aux peines et aux plaisirs. Plus grande est la difficulté, plus grand le sacrifice.

Les sources de bonheur qui servent à la conservation de l'individu, lesquelles fournissent la
plus grande portion de bonheur, sont indépen-
dantes de l'exercice de la vertu. Strictement
parlant, on peut les appeler actes de bien-être,
actes bienfaisans ; mais ils ne constituent pas des
actes de bienveillance.

Enfin, il serait aussi peu logique de dire qu'un
acte qui a produit un excédant de souffrance est
une vertu, qu'il le serait de déclarer qu'un acte
produisant un excédant de jouissance, peut être
un vice.

L'absence d'une règle invariable à appliquer
à la conduite, a enfanté les erreurs et les méprises les plus étranges. Les paradoxes se sont
succédés en foule, se sont popularisés, et n'ont
servi qu'à obscurcir la pensée par des mots sans
signification. C'est ainsi que le vaisseau de la félicité publique a été ballotté sur une mer d'incertitudes, sans pilote et sans gouvernail.

On a publié des ouvrages dont les auteurs,
s'ils avaient attaché des idées distinctes à la phraséologie qu'ils employaient, auraient rendu à la

cause de la vérité et de la vertu de signalés services. Quand Mandeville mit en avant sa théorie
que « les vices privés sont des bienfaits publics »,
il ne vit pas que l'application erronée des termes
de vice et de vertu, était la source de la confusion d'idées qui lui permettait de plaider une
proposition en apparence contradictoire; car si
ce qu'on nomme vertu produit une diminution
de bonheur, et si le vice, qui est l'opposé de la
vertu, a un effet contraire, il est évident que la
vertu est un mal, que c'est le vice qui est un
bien; et que le principe que Mandeville défend,
n'est autre, sous le nuage qui le couvre, que
celui de la maximisation du bonheur. Si un vice
privé a pour résultat définitif la production d'une
somme de bonheur pour la communauté, tout
ce qu'on peut dire, c'est que le vice a été mal
nommé. Il est vrai de dire que l'utilité rangera
parmi les vices beaucoup d'actions qu'une opinion peu éclairée a honorées du nom de vertus,
et donnera à des qualités qu'on a fréquemment
appelées vices, des noms exprimant l'indifférence ou même l'approbation. Mais la balance

utilitaire ne pèse que le bien et le mal, la peine et le plaisir; les autres élémens ne comptent pour rien, de quelques noms pompeux qu'on les désigne.

Ne nous étonnons pas que l'antiquité ne nous ait pas légué un système de morale adapté aux développemens de l'intelligence de l'homme. Même dans la connaissance des objets matériels, l'antiquité n'avait fait que peu de progrès. Elle n'en avait fait aucun dans la connaissance des fonctions de l'esprit humain, dans la physiologie intellectuelle. La gymnastique de l'esprit, les analogies superficielles, composaient toute la science antique. C'est à la science moderne, à la science fondée sur l'expérience et l'observation, qu'il faut demander les matériaux nécessaires aux progrès à venir. Là, seulement, peut se trouver la source de ces combinaisons qui constituent le progrès, de ces découvertes dont la théorie déduit les magnifiques conséquences. Les différentes branches de la philosophie pratique sont amenées l'une après l'autre dans la

région des classifications scientifiques. Ce n'est
ni dans Homère, ni dans Horace, Virgile ou
Tibulle, ni dans les bibliothèques de la littérature
classique, que la science morale doit chercher des
bases de nomenclature et d'analyse. Les vices et
les vertus ne peuvent ni trouver la place qui leur
convient, ni exercer leur véritable influence,
jusqu'à ce qu'ait été trouvée la règle qui doit les
diviser dans leurs élémens de peine et de plaisir.
Toute la science morale consiste à rassembler
les diverses sensations de souffrance et de jouissance, et à les répartir sous les deux grandes
divisions de vice et de vertu. Toute loi morale
est une partie intégrale et homogène du grand
code de morale, qui, lui-même, se rattache
tout entier à ces deux grands principes de toute
conduite vertueuse dont il émane, c'est-à-dire,
à la prudence et à la bienveillance.

DÉONTOLOGIE,

ou

SCIENCE DE LA MORALE.

I.

:

PRINCIPES GÉNÉRAUX.

——

L'objet du Déontologiste est d'enseigner à l'homme à diriger ses affections, en sorte qu'elles soient le plus possible subordonnées à son bien-être. Chaque homme a ses peines et ses plaisirs qui lui sont propres, et avec lesquels le reste des hommes n'a aucun rapport; il a aussi des plaisirs et des peines qui dépendent de ses relations avec les autres hommes, et les enseignemens du Déontologiste ont pour but de lui apprendre, dans l'un comme dans l'autre cas, à donner au plaisir une direction telle qu'il soit productif d'autres plaisirs; et une telle direction à la peine qu'elle devienne, s'il est possible, une source de plaisir, ou du moins qu'elle soit rendue aussi légère, aussi supportable, et aussi transitoire que possible.

Abstractivement parlant, tout peut se réduire à une seule question. Au prix de quelle peine future, de quel sacrifice de plaisir à venir, le plaisir actuel est-il acheté? Par quel plaisir futur peut-on espérer que la peine actuelle sera compensée? La moralité doit sortir de cet examen. La tentation est le plaisir actuel; le châtiment est la peine future; le sacrifice est la peine actuelle; la jouissance est la récompense future. Les questions de vice et de vertu se bornent pour la plupart à peser ce qui *est* contre ce qui *sera*.

L'homme vertueux amasse dans l'avenir un trésor de félicité; l'homme vicieux est un prodigue qui dépense sans calcul son revenu de bonheur. Aujourd'hui l'homme vicieux semble avoir une balance de plaisir en sa faveur; le lendemain le niveau sera rétabli, et le jour suivant on verra que la balance est en faveur de l'homme vertueux. Le vice est un insensé pro-

diguant ce qui vaut beaucoup mieux que la richesse, la santé, la jeunesse et la beauté, c'est-
à-dire, le bonheur; car tous ces biens sans le
bonheur n'ont aucun prix. La vertu est un
économe prudent, qui rentre dans ses avances
et cumule les intérêts.

Il est des momens plus propices que d'autres
pour l'accomplissement des devoirs du Déontologiste, c'est lorsque saisissant l'occasion où la
pensée est paisible et calme, où les passions font
silence, il recueille dans son esprit ou transmet
à l'esprit des autres ces instructions, qui plus
tard, au milieu des tempêtes de l'âme, pourront
être mises à profit.

Le temps le plus convenable pour planter
l'arbre de la vérité, c'est lorsque l'atmosphère
de l'âme est libre et calme. Les vérités ainsi déposées dans l'âme, peuvent, au moment de l'o-
rage, déployer leur salutaire puissance. Il est
des occasions où les affections se prêtent d'une
manière toute spéciale l'influence des inspira-
tions vertueuses.

Il est des heures de bien-être, des heures de
soleil et de sérénité, qui nous disposent à accueillir les impulsions de la prudence et de la
générosité. Dans de pareils momens, un mot
placé à propos peut laisser après lui d'heureux

résultats ; la loi déontologique présentée habi-
lement, peut faire dans l'esprit une impression
durable, et devenir un moniteur pratique et
efficace, au moment où des impulsions imprudentes ou malfaisantes voudraient nous égarer ;
car ramener la passion dans les régions de la vertu,
en sorte que la vertu puisse régner d'une manière souveraine, ou conduire avec un égal succès la vertu dans le domaine de la passion, c'est
là le plus beau triomphe qu'il soit donné à la
morale d'obtenir ; triomphe qui ne peut être
maintenu que par cette prudence prévoyante, qui
pourvoyant aux besoins de l'avenir, amasse des
trésors de préceptes utiles. Ce n'est pas au milieu de la tempête que les tentations soulèvent
en nous, que nous pouvons chercher avec sécurité les motifs propres à réprimer ces mouve-
mens de notre âme. Recueillons les règles,
fixons en nous les motifs, dans l'absence des
tentations, et c'est ainsi, et seulement ainsi que
lorsque les tentations seront présentes, nous
trouverons sous notre main des argumens à leur
opposer.

Lorsque du cœur calmé les orages se taisent,
Que de la passion les tumultes s'apaisent,
Homme ! de ████████ amasse les trésors !
Les passions plus tard redoubleront d'efforts ;

La sagesse opposant sa digue à cet orage,
Tu verras sa fureur expirer sur la plage.
Le ruisseau qu'un caillou naguère eût arrêté,
Roule aujourd'hui les rocs dans son cours indompté.

Le principe de l'utilité, ou plutôt le principe de la maximisation du bonheur, a cet avantage sur tous les autres, que toutes les fois que des opinions divergentes, qui reconnaissent l'autorité d'un autre principe, viennent à s'accorder, c'est sur le terrain de l'utilité que se conclut cet accord. Lorsqu'elles ont entre elles un point d'union ou d'harmonie, c'est là qu'il se manifeste. Lors même que des hommes s'accordent à reconnaître une certaine autorité, comme un livre, une loi, on trouvera plus de difficulté à leur faire adopter à cet égard une interprétation commune, que s'il s'agit d'une question soumise à la loi déontologique. Que dans une occasion donnée, on invoque, comme la seule règle de rectitude, soit les articles d'un code, ayant l'autorité pour base, et s'éloignant entièrement de l'application du critérion utilitaire, soit le texte d'un livre de morale; et l'on verra que ceux qui reconnaissent l'autorité du code ou du livre, seront bien moins unanimes dans leurs suffrages, que ne le serait le même nombre d'individus qui, prenant l'utilité pour règle fondamentale, auraient à émettre une décision sur le point en question.

Et en effet, sous l'influence de l'impulsion aveugle et instinctive, les hommes, depuis l'origine du monde, ont été dans l'habitude de consulter le principe de la maximisation du bonheur; et toutes les fois qu'ils ont agi raisonnablement, ce principe a été leur guide. Ils l'ont suivi sans se douter de son existence; comme lorsque le ciel est voilé de nuages, les hommes marchent à la clarté du jour, sans attribuer ce jour qui les éclaire à l'astre caché à leurs regards. Helvétius est le premier moraliste dont les yeux se soient fixés sur le principe utilitaire. Il en vit l'éclat et la puissance, et c'est sous son influence et échauffé de ses rayons, qu'il formula ses raisonnemens.

Nous avons fréquemment rappelé le principe général. La morale est l'art de maximiser le bonheur. Ses lois nous prescrivent la conduite dont le résultat doit être de laisser à l'existence humaine, prise dans son ensemble, la plus grande quantité de bonheur.

Or, la plus grande quantité de bonheur doit dépendre des moyens, des sources ou des instrumens par lesquels les causes de bonheur sont produites, ou les causes de malheur évitées.

En tant que ces causes sont accessibles à l'homme et sous l'influence de sa volonté, et deviennent la règle de sa conduite pour la production du bonheur, cette conduite peut être désignée par un seul mot, celui de *vertu;* en tant que, sous l'empire des mêmes circonstances, la conduite qu'elles amènent produit un résultat de malheur, cette conduite est désignée par un mot d'un caractère contraire, celui de *vice*.

Il suit de là que ce qu'on nommera vertu n'aura mérité ce nom qu'autant qu'il contribuera au bonheur, au bonheur de l'individu lui-même, ou de quelque autre personne. De même, on ne pourra donner le nom de vice qu'à ce qui sera productif de malheur.

Les sources du bonheur sont ou physiques, ou intellectuelles : c'est des sources physiques que le moraliste s'occupe plus spécialement. La culture de l'esprit, la création du plaisir par l'action des facultés purement intellectuelles, appartiennent à une autre branche d'instruction.

Or, comme le bonheur de tout homme dépend principalement de sa propre conduite, soit envers lui-même, soit envers les autres, dans toutes les occasions où il exerce une influence

quelconque sur leur bonheur, il nous reste à
donner à la théorie de la morale sa valeur pratique, en en faisant l'application aux circonstances de la vie, et en groupant les actions humaines sous les deux grandes divisions que nous
avons si souvent indiquées, nous voulons dire la
prudence et la bienveillance.

Il semble, au premier aperçu, que les considérations de la bienveillance doivent l'emporter
sur les considérations de prudence, en ce sens
que la carrière où se développe l'action de
la prudence est étroite et tout individuelle ;
celle de la bienveillance, au contraire, sociale,
vaste, universelle. Néanmoins, c'est à la prudence à avoir le pas ; car, bien qu'elle ne regarde qu'un individu, cet individu est l'homme
lui-même ; cet individu est l'homme sur les actions duquel il s'agit d'exercer une influence que
nul autre que lui ne peut exercer. Un homme
peut disposer de sa volonté ; mais il n'a sur la
volonté des autres qu'une autorité limitée. Et
cette autorité même, la possédât-il, les affections personnelles et prudentielles sont plus essentielles à l'existence, et conséquemment au
bonheur de l'homme, plus essentielles à chaque
homme en particulier, et par conséquent à la totalité de la race humaine, que ne le sont les affec-

tions sympathiques. Il est d'ailleurs plus simple et plus facile, pour traiter convenablement cette matière, de commencer par un individu isolé avant de passer aux rapports de cet individu avec le reste de la société. Il est donc naturel que nous nous attachions d'abord à rechercher l'influence de sa conduite sur son propre bonheur, là où le bonheur d'aucun autre individu n'est en question; nous devrons ensuite examiner quelles sont les lois de la prudence qui comprennent dans leur sphère le bien-être d'autrui; et, enfin, nous aborderons la partie la plus vaste de ce sujet, la considération des lois de la bienveillance effective.

On a trop fréquemment attaché aux considérations personnelles une sorte de discrédit, parce que, dans leurs calculs erronés, on leur a laissé envahir et troubler les régions de la bienveillance; parce qu'il est quelquefois arrivé que les sympathies bienfaisantes leur ont été sacrifiées. Et une estimation erronée de ce dont la nature humaine serait capable, si l'on pouvait réussir à faire prépondérer le principe social sur le principe personnel, a conduit certains hommes à conclure qu'il existe des raisons suffisantes pour commander et justifier le sacrifice de la personnalité. Des animaux du même sexe se rassem-

blent, a-t-on dit, qui n'ont, par conséquent,
aucun besoin à satisfaire par leur réunion, et
qui n'obéissent en cela qu'à un instinct d'agré-
gation. On en conclut que l'homme recherche
la société pour elle-même; qu'il y a en lui un
instinct irrésistible de sociabilité indépendant
des jouissances qu'il en retire. Mais la vérité de
cette assertion peut être mise en doute. Il y a
tout lieu de croire que le principal motif qui
réunit les animaux, est la nécessité de se procurer leur nourriture et de se défendre (et c'est
assurément là un motif personnel). Le lien le
plus fort est, sans contredit, la communauté de
besoins et de dangers; et c'est elle qui détermine
le plus souvent l'association de certains animaux.
Ceux, au contraire, qui ne trouvent dans leurs
semblables aucune assistance, soit pour se nourrir, soit pour se défendre; ceux chez qui la rareté
et la nature précaire de leurs moyens de subsistance, crée une opposition d'intérêts, et c'est
dans cette catégorie qu'il faut ranger les principaux animaux de proie, comme le lion, le ti-
gre, etc., ceux-là ne s'associent pas; et s'il en
est autrement pour ceux d'entre eux qui sont
plus faibles, tels que les loups, par exemple, on
peut attribuer cette différence à l'impossibilité
où se trouve chacun d'eux isolément de vaincre

les animaux qui sont leur proie habituelle. Ils
s'attaquent aux chevaux et aux bœufs qui sont
plus forts qu'eux, et aux moutons qui sont
veillés et gardés par les hommes leurs proprié-
taires. Le renard est un animal carnassier, et rarement il s'associe ; mais, aussi, il a pour proie
la volaille et des animaux plus faibles que lui.
Ses intérêts étant d'une nature solitaire plutôt
que sociale, son caractère et sa condition sont
de la même nature.

Ainsi la prudence se divise en deux classes :
la prudence qui ne concerne que nous, la prudence isolée, lorsqu'il n'est question que des intérêts de l'individu lui-même ; et la prudence qui
concerne autrui, celle dans laquelle il est question des intérêts des autres ; car, bien que le
bonheur d'un homme soit nécessairement et
naturellement son objet principal et définitif,
cependant, ce bonheur dépend tellement de la
conduite des autres à son égard, que la prudence lui fait un devoir de chercher à régler
et à diriger cette conduite dans le sens le plus
favorable à ses intérêts.

De là l'association de la prudence à la bienveillance ; de là la nécessité de s'assurer des
prescriptions de la bienveillance effective, ne
fût-ce qu'en vue des intérêts de la prudence.

De même la bienveillance soit négative, comme lorsqu'un homme s'abstient de faire ce qui peut nuire à autrui, soit positive, comme lorsqu'un homme confère du plaisir à autrui; la bienveillance est de deux espèces, l'une praticable sans sacrifice personnel, l'autre dont l'exercice exige ce sacrifice.

Pour ce qui est de l'application de ces principes à la pratique, comme ils portent sur toutes les choses de la vie, sur les événemens de chaque jour, de chaque existence individuelle, et comme ces événemens sont variés à l'infini dans leur caractère, il est évident que tout ce que nous pouvons faire c'est d'établir des règles générales, et de donner quelques exemples à l'appui. Ces exemples seront comme ces lampes dont la flamme, bien qu'exiguë, étend au loin sa sphère lumineuse. Dans tout l'édifice moral, il y a unité, simplicité, symétrie; chaque partie fait comprendre toutes les autres; chaque fragment donne le caractère, la mesure du tout. Une fois qu'on quitte le cercle du vague et du dogmatisme, tout est harmonieux dans le code moral, qui ne comprend qu'un très petit nombre d'articles, lesquels sont applicables à tous les cas possibles, et résolvent toutes les questions discutables.

L'amour du moi sert de base à la bienveillance universelle; il n'en saurait servir à la malveillance universelle : et c'est ce qui prouve
l'union intime qui existe entre l'intérêt de l'individu et celui du genre humain.

Cette union s'appuie aussi sur le désir universel d'obtenir la bonne opinion d'autrui. Nul
homme n'est insensible à l'expression de l'approbation et de l'estime; tous y trouvent des
sources de satisfaction; car si au sourire et aux
éloges étaient joints des coups de verges, et
qu'au contraire un front sévère et des reproches
fussent accompagnés de dons précieux, qui n'é-
viterait pas le sourire, qui ne rechercherait pas
la physionomie sévère? on ambitionnerait les
reproches comme on ambitionne aujourd'hui les
éloges; la sévérité du visage répandrait la joie
qui accompagne maintenant le sourire, et le
sourire lui-même serait l'avant-coureur de la
tristesse. Le besoin de la louange se mêle aux
premiers développemens de notre sensibilité;
nul de nous ne se rappelle l'époque où ce désir
n'existait pas en lui; et le regard perçant du
philosophe, ses recherches attentives ne sont pas
nécessaires pour établir un principe incorporé
aux bases mêmes de notre nature. Se manifestant de si bonne heure dans l'homme, fortifié par

un exercice répété et habituel, ce désir d'approbation devient indissolublement et intimement
uni à nos besoins physiques; il s'y trouve tellement associé qu'il est difficile de le détacher de
l'idée d'un plaisir personnel. Il semble que la
louange soit désirée pour elle-même; mais le
désir est tellement uni au principe personnel,
qu'il y a impossibilité de les séparer.

Rien d'intéressant comme de suivre la bienveillance dans son origine et ses développemens,
dont le résultat est d'associer la vertu au bonheur. Un enfant reçoit des éloges et des témoignages d'affection lorsqu'à la voix maternelle il
cesse de pleurer, ou avale une médecine, ou
lâche un objet qu'il avait indûment saisi. C'est
alors qu'il fait ses premiers sacrifices au principe
moral, au principe source du bonheur, et ils
trouvent leur récompense. Son affection pour
ses parens, ses frères, ses sœurs, sa nourrice,
les personnes qui le servent, naît de sa sensibilité physique, laquelle est éveillée au sentiment
du bonheur par l'action même de cette affection.

Et qu'on n'objecte pas ici que cette marche
est trop compliquée, trop confuse, trop longue
et trop difficile pour l'intelligence de l'enfant.
La gradation suivie par la nature dans la production des résultats, est la seule cause de la diffi-

culté qu'on éprouve à les exprimer; et l'absence
de mots convenables pour rendre ces divers phé-
nomènes nous fait croire à tort que ces phéno-
mènes sont compliqués et confus. Nier la con-
nexion, c'est nier l'association des idées dans
l'esprit des enfans, bien que cette association se
manifeste dès les premiers développemens de
l'intelligence; et si l'on s'en étonnait, il faudrait
s'étonner aussi de voir un enfant étendre ses
mains plutôt que ses pieds pour saisir un objet,
ou diriger, sous le point de vue organique, ses
petits moyens vers une fin.

Lorsqu'ensuite l'enfant est devenu homme,
lorsque la nature, l'armant de facultés et de passions nouvelles, lui commande de plus ambitieux
efforts, la soif de la louange devient plus ardente. C'est pour elle que l'homme sacrifie son
repos; pour elle qu'il se précipite au milieu des
douleurs de la vie publique, à travers une armée
de compétiteurs, et dans une carrière de fatigues
et de dangers; c'est pour elle que, dans des momens plus heureux, l'homme de bien perçant
les phalanges, et bravant les dards de l'ignorance
et de l'envie, se dévoue à l'œuvre pénible de la
félicité publique, à laquelle il a fait d'avance le
sacrifice de sa propre tranquillité.

Le monde présente à nos regards une con-

currence si universelle et si constante pour obtenir le respect, l'estime et l'amour des autres;
la dépendance où chaque homme est de ses semblables est si évidente et si intime, qu'une certaine portion de bienveillance est presque une
condition nécessaire de l'existence sociale. Il est
vrai que ceux à qui leur position permet de disposer avec le plus de facilité des services des
autres, sont ceux qui les estiment au prix le
plus bas; et que celui qui en éprouve le plus
le besoin, est aussi celui qui a le plus de peine
à se les procurer. Mais il n'est pas d'homme si
pauvre, qu'il ne puisse, par sa bonne conduite,
accroître la disposition de ses semblables à lui
être utile; pas d'homme si puissant, qu'il puisse
dédaigner les services d'autrui sans en diminuer
la somme, sans en réduire la valeur et l'efficacité.
Nul n'a le privilége d'une indépendance absolue;
et s'il était possible de concevoir un homme se
suffisant à lui-même pour toutes ses jouissances,
un homme ne recevant ni peine, ni plaisir des
événemens et des personnes qui l'entourent, cet
homme-là ne serait pas un objet d'envie; comparé à lui, l'hyssope serait un être privilégié,
puisque quelques marques d'attention peuvent
du moins çà et là lui être accordées, tandis que
l'homme, éloigné des régions de la sympathie,

se verrait, par cela même, exilé de celles de la bienfaisance.

L'énergique activité du sentiment bienveillant n'a pas de fondement plus solide que la dépendance mutuelle de chaque homme à l'égard d'un autre, ou de tous les autres membres de la famille humaine; et c'est dans cette dépendance qu'il faut chercher le contrôle à opposer aux affections malfaisantes; car si ni la haine, ni l'amour, ne produisaient de réaction, si un homme pouvait exercer sur les autres son mauvais vouloir sans être payé de retour par leur mauvais vouloir; et, d'autre part, s'il prodiguait ses affections sympathiques en pure perte, sans éveiller une réciprocité de sympathie en sa faveur, le lien qui unit la prudence à la bienfaisance n'existerait plus. Si un homme inflige de la peine à un autre, soit par ses paroles, soit par ses actes, il est dans la nature des choses que cet autre s'efforce de lui infliger une peine en retour.

La haine produit la haine, par voie de représailles et comme moyen de défense. C'est un instrument de châtiment prompt et quelquefois vindicatif, qui, jusqu'à un certain point, est à la disposition de celui qui l'emploie. Il est sans doute des cas où la disposition à rendre le mal pour le mal est réprimée par les principes d'une noble et haute moralité, c'est-à-dire, par une application plus juste des calculs de la vertu. Mais ce sont là des cas exceptionnels; croire que nous échapperons au mauvais vouloir de ceux qui sont les victimes de notre mauvais vouloir, c'est faire dépendre d'un miracle la direction de notre conduite. Et, quelles que puissent être les exceptions à cette règle que la malveillance de notre part, une fois mise en action, doit produire avec usure une réaction de malveillance de la part d'autrui; il serait difficile de trouver une exception à cette autre règle, parallèle à la précédente, savoir, que l'amour produit l'amour.

La conclusion pratique de tout ceci est évidente; c'est que nous ne devons infliger de peines de quelque espèce que ce soit, et à qui que ce soit, que dans le but de produire un bien plus qu'équivalent, bien manifeste, évident et appréciable dans ses conséquences. Le bien, si c'est du bien, profitera à quelqu'un, à une ou plusieurs personnes; à vous qui avez infligé la peine, à celui à qui la peine a été infligée, ou à des tiers, soit individuellement, soit en général. Le vœu de la prudence et de la bienveillance, à cet égard, est péremptoire. Il faut que le bien prédomine, qu'il y ait un excédant de bien.

'• Afin d'appliquer cette règle générale à tous les cas particuliers, il faut que le Déontologiste considère : 1°. les diverses formes sous lesquelles la peine peut se produire, car elle est multiforme; 2°. les occasions dans lesquelles elle peut se produire, occasions qui se présentent toutes les fois que des rapports s'établissent entre nous et nos semblables; 3°. les personnes sur lesquelles elle peut se produire, et 4°. les actes par lesquels elle peut se produire. Ce sont là des élémens importans à connaître, en ce qui concerne la souffrance. Quand on examine l'autre côté de la question, quand il s'agit d'évaluer le bien dont l'existence peut seule contre-balancer et justifier le mal, il faut produire la quantité de ce bien; la situation et la sensibilité des personnes qui doivent profiter du bien qui résultera; et quand elle n'est pas appréciable dans tels ou tels individus en particulier, son existence, à l'égard des hommes en général, doit être démontrée. Nous aurons, par la suite, l'occasion d'appuyer d'exemples cet important principe. Ici nous n'avons voulu qu'appeler l'attention sur cette matière, et poser la règle générale. Les déductions abonderont dans l'esprit des penseurs. Ils verront que le seul fait d'une conduite répréhensible, de la part d'autrui, ne saurait, par lui-même, justifier l'infliction d'une peine. Si cette infliction est destinée à empêcher la répétition de la conduite en question, alors il peut être sage et moral d'infliger la peine : ici l'utilité de la peine est évidente; mais on ne doit créer aucune peine, ni supprimer aucun plaisir, sans qu'il y ait un but approuvé par l'utilité. Il suit de là que le reproche, le mépris, dirigés contre les autres, en conséquence de quelques défauts irrémédiables, sont des inflictions de peines inutiles, cruelles, immorales : des imperfections soit physiques, soit intellectuelles, qu'il est impossible de contrôler ou d'extirper, ne sauraient être l'objet de châtimens quelconques. La stupidité, les travers de l'esprit, les défauts de caractère, lorsqu'ils ne peuvent plus être réformés, lorsqu'aucune attention ne peut les guérir, ne sont point des objets susceptibles d'être corrigés par une inutile infliction de peines. Combien cette infliction est moins justifiable encore quand elle ne fait qu'exaspérer la victime et aggraver le défaut!

En amenant la conduite dans la région des plaisirs et des peines, on facilitera beaucoup ses recherches si l'on remonte à la source des actions, et si l'on distingue les relations qui existent entre les impulsions auxquelles ces actions doivent naissance. C'est dans les émotions, les affections, les passions et les humeurs, soit isolées, soit réunies, que l'action prend sa source, et chacune d'elles présente des élémens de jouissances et de souffrances. On dit qu'un acte est l'effet d'une émotion, quand le motif par lequel il est produit est un plaisir ou une peine d'un caractère transitoire. Lorsqu'une situation permanente et habituelle de l'esprit, par exemple, la sympathie ou l'antipathie pour un individu, a créé une disposition continuelle à obliger ou à nuire, le motif est le résultat d'une affection; quand l'émotion devient véhémente, qu'elle s'allie ou non à une affection habituelle, on appelle ses conséquences l'effet de la passion. Le caprice participe davantage de la versatilité du caractère, et implique soumission des émotions ou de la passion à une prédétermination de l'intelligence; c'est ainsi qu'on dit : « C'était mon caprice. J'ai soumis mes actions à ma volonté du moment; je n'ai eu pour motifs que mon caprice. »

Mais parmi les sources d'erreurs de jugement, parmi les causes de despotisme, l'une des plus fécondes est l'empressement à rechercher les motifs qui dirigent les hommes. Partout on entend invoquer la pureté des motifs, ou accuser leur impureté, pour excuser, justifier, louer, ou pour blâmer, réprouver, condamner. Tout le domaine de l'action est hérissé de prétentions semblables, affichées avec persévérance, constamment invoquées, et qui n'ont le plus souvent d'autre base que les assertions de l'individu qui justifie ou qui accuse. Pourquoi cette persistance opiniâtre dans une habitude aussi funeste au bien-être général? C'est que d'abord les affections personnelles sont flattées par ce mode de procéder. Il met l'écrivain ou l'orateur à même d'établir sa règle fondamentale du bien et du mal; il lui épargne la nécessité pénible de rechercher les conséquences des actions; il le met à même d'introduire les opinions d'autrui dans l'esprit d'un autre individu chez qui elles ne trouvent point de lumière qui les guide, et qui, par son indolence même, n'est que trop disposé à laisser consacrer l'usurpation. Si un homme veut déterminer la valeur d'une action par ses conséquences, il lui faut faire une étude de ces conséquences; il faut qu'il les présente à ceux dont il désire obtenir l'approbation ou la condamnation de cette action : s'il en impose, il sera contredit; on le reprendra, s'il erre volontairement ou involontairement. Les lacunes qu'il laissera, on pourra les remplir; on pourra

réduire ce qu'il aura exagéré ; il faut, en un
mot, qu'il produise ses témoignages, et qu'il
établisse complétement la vérité de ses assertions. Mais si, au contraire, il lui est loisible d'é-
tablir, de son autorité privée, et sur sa seule
parole, que l'auteur de l'acte en question avait
un *bon* ou un *mauvais* motif, dès lors la mission du juge est facile. Ses arrêts sont bientôt
rendus ; plus d'embarras, plus de complications.
Le bien et le mal apparaissent tout d'abord ; et
des fonctions, qui ne devraient être le partage
que de la philosophie et de la raison, sont usur-
pées par l'étourderie et la suffisance.

Les imputations de motifs sont un des instrumens les plus dangereux pour attaquer un adversaire, et constituent l'une des bases les plus
trompeuses sur lesquelles on puisse asseoir un
jugement ; car les motifs ne peuvent être connus
que de celui-là seul dont la conduite est en question, et ne peuvent être que devinés par les autres. Cette disposition dans l'improbateur ou le
justificateur d'une action, à l'estimer digne d'é-
loge ou de blâme, non en raison de ses résultats,
mais en raison des intentions impénétrables de
son auteur, peut anéantir tout l'honneur et toute
la récompense d'une conduite vertueuse, sous
prétexte que ses motifs étaient mauvais ; comme

aussi tout le déshonneur et tout le châtiment dû
à une conduite vicieuse, sous prétexte de la bonté
des motifs qui l'ont amenée. Mais, d'un autre
côté, il ne faut pas oublier que toute imputation
mal fondée n'est pas nécessairement inventée
avec mauvaise foi par celui qui l'articule le premier. Un homme juge qu'une mesure est mauvaise lorsqu'elle est opposée à son intérêt ; et si
elle est mauvaise à ses yeux, il est tout simple
qu'il l'attribue à un mauvais motif. La morale
exige donc impérieusement que nous évitions
d'attribuer des motifs à autrui, comme aussi de
condamner légèrement et à la hâte ceux par qui
sont imputés ces motifs.

En outre, le sentiment de la force prodigieuse
inhérente à l'autorité, vient fortifier encore la
tendance des affections personnelles. Les mêmes
raisons qui influencent l'improbateur des motifs,
ont, dans une proportion plus ou moins grande,
influencé pareillement tout le monde. L'autorité, avec les préjugés qu'elle enfante, s'allie au
principe de l'égoïsme. Dans l'estimation de la
conduite, on est convenu d'abandonner au jugement sur parole la presque totalité de la question, et d'en laisser à peine une faible portion à
la décision du jugement spontané et libre. C'est
ainsi que, dans les causes déterminantes des ac-

tions humaines, deux élémens principaux leur
servent de guides ; la présomption orgueilleuse
et l'aveugle déférence, qualités qui semblent
mutuellement s'exclure, mais qui se réunissent
pour exercer une pernicieuse influence ; la déférence étant, par le fait, la soumission à cette
espèce d'autorité qui flatte le principe personnel.

Il est vrai que la phraséologie ordinaire du
monde est bien propre à égarer l'investigateur.
Les qualités auxquelles on a imprimé le sceau de
l'approbation publique, sont souvent celles qui
méritent le moins cette honorable distinction ;
tandis que, d'autre part, la réprobation publique interdit des actes auxquels il serait difficile
d'attacher de la honte ou du vice. C'est ainsi que
les arrêts du tribunal de l'opinion publique sont
quelquefois en opposition avec les lois de l'utilité ; et les conventions sociales, dont quelques-
unes ne sont que des restes de barbarie, font des
lois qui résistent à tous les argumens, et demeu-
rent inébranlables sur la base des préjugés légués
par les temps féodaux.

On écrira un jour sans doute les fastes de la
morale, et ce sera une lecture instructive, s'il
en fut jamais, que l'histoire des dynasties morales qui ont régné tour à tour sur le domaine
des actions humaines.

La première époque est celle de la *force*. C'est le seul code, la seule règle, l'unique source de la morale : la violence est la loi, violent est le législateur. *Virtus*, la vertu est prise alors dans son acception primitive, le *vis* des Latins. Cette force mise en action, prit le nom de courage ou de vertu, qualité qui, parmi les peuples sauvages, est le premier objet d'admiration ; qualité beaucoup plus animale que morale, et qui ne mérite d'éloge qu'autant qu'elle s'allie à la prudence et à la bienfaisance.

Vient alors le second règne, le règne de la *fraude*. La force appartient aux temps d'ignorance ; la fraude à une demi-civilisation. Son influence, comme celle de la force, est une usurpation ; mais elle marche à son but à l'aide du sophisme, et non à force ouverte. Elle entretient la crédulité ; elle se ligue avec la superstition. Elle s'empare des terreurs de l'esprit, et les fait servir à son despotisme réel, mais souvent caché. Sous cette dynastie, fleurissent l'usurpation du prêtre et l'aristocratie des hommes de loi.

Enfin arrive le règne de la *justice*, le règne de l'utilité. Sous ses auspices l'œuvre du législateur sera allégée, et plusieurs de ses fonctions passeront dans les attributions du moraliste. Le tribunal de l'opinion publique évoquera la dé-

cision de questions nombreuses, qui sont maintenant dans le domaine de la juridiction pénale.
La ligne de séparation, entre le juste et l'injuste,
sera plus nettement et plus largement définie,
à mesure que la prédominance du grand intérêt
social renversera les barrières élevées dans des
desseins coupables, ou léguées par les traditions
ignorantes des anciens jours. Ce sera alors un
spectacle délicieux de contempler les progrès de
la vertu et du bonheur; de les voir, par de puissans efforts ou de paisibles influences, étendre
chaque jour leurs conquêtes pacifiques dans le
domaine où les fausses maximes de morale publique et privée avaient jusqu'alors régné sans
partage! Plus délicieuse encore est l'espérance
qu'il viendra enfin une époque où le code moral, ayant pour base le principe de la maximisation du bonheur, deviendra le code des nations, leur apprenant, dans le vaste champ de
leur politique, à ne pas créer de maux inutiles,
et à subordonner leur patriotisme aux lois de
la bienveillance. Si le progrès des lumières a
réuni des familles et des tribus autrefois hostiles
dans une communauté d'intérêts et d'affections,
on les verra un jour, dans leurs progrès ultérieurs, réunir aussi, par les liens de la bienfaisance, les nations aujourd'hui séparées. De

même qu'une opinion plus éclairée a réussi à diminuer le nombre des crimes violens, de même il est impossible que cette opinion, acquérant chaque jour de nouvelles forces, n'arrive pas à exercer une semblable influence sur les autres genres d'improbité. Qui doute que la guerre, ce maximisateur de tous les crimes, cette condensation de toutes les violences, ce théâtre de toutes les horreurs, ce type de folie, ne soit à la fin vaincue et anéantie par la puissante et irrésistible influence de la vérité, de la vertu, de la félicité?

L'homme ne peut que jusqu'à un certain point se tracer à l'avance sa destinée mortelle. Il ne choisit point sa position ici-bas. L'accident de sa naissance décide pour lui une foule de questions. Il met en ses mains certaines sources de plaisir, et lui en interdit certaines autres; les instrumens de jouissance et de souffrance sont tellement réglés, si admirablement balancés, si équitablement compensés, que la portion définitive de bien-être répartie à chaque homme dans l'échelle sociale, ne diffère pas matériellement en quantité; car, de quelque manière qu'on évalue les plaisirs de la jouissance, dans ses divers attributs, les peines de privation doivent subir une augmentation proportionnelle. Des besoins qui bientôt deviennent des peines, se développent plus facilement dans l'homme gorgé de superflu, que dans celui dont les jouissances peuvent se satisfaire à peu de frais; et bien souvent les plaisirs de la grandeur et de la richesse sont suivis de près de la lassitude et du dégoût. Les plaisirs des sens s'affadissent par un long usage et s'énervent par l'abus. La sanction sociale est moins puissante quand l'orgueil s'imagine pouvoir, sans son secours, obtenir les services d'autrui. Le contrôle de l'opinion publique perd de son efficacité, là où se manifeste une disposition croissante à méconnaître son autorité et à braver ses arrêts. Tous ces dangers, et d'autres encore, accompagnent l'opulence, et lui font perdre de sa tendance à créer le bonheur. Cependant le pouvoir, dans toutes ses formes, est le seul instrument de moralisation; et loin que la lutte livrée pour l'obtenir, lorsqu'elle se renferme dans les limites de la prudence et de la bienveillance, mérite le blâme, c'est peut-être le plus fort de tous les stimulans à la vertu.

Dans le domaine d'action assigné à l'individu par sa naissance, son éducation, et sa position sociale, il est en son pouvoir de donner à sa conduite et à ses occupations une direction conforme au bonheur général de la vie. Tout homme a des momens de loisir qu'il peut employer à la recherche du plaisir, ou, en d'autres termes, à la pratique de la vertu qui produit le plaisir; et il n'est pas d'occupation qui ne crée ou ne fasse naître ces pensées, soit de souvenir, soit d'espérance, qui sont elles-mêmes du bonheur. Il n'est personne ayant le don de la parole, qui, en présence de ses semblables, ne trouve à chaque instant l'occasion de conférer une jouissance. Ce qui fait que nous répandons sur notre existence beaucoup moins de bonheur que nous ne le pourrions, c'est que nous négligeons de recueillir ces parcelles de plaisir que chaque instant nous offre. Tout occupés du total, nous oublions les chiffres dont ce total se compose. Luttant contre d'inévitables résultats à l'égard desquels il est impuissant, l'homme ne néglige que trop souvent ces plaisirs accessibles dont la somme, lorsqu'on les réunit, n'est certes pas à dédaigner. Il étend la main pour saisir les étoiles, et oublie les fleurs qui sont à ses pieds, ces fleurs si belles pourtant, si odorantes, si variées, si nombreuses.

Qu'on ne s'imagine pas que la condensation de toutes les vertus en deux vertus principales, la prudence, et la bienveillance effective, ait pour résultat d'écarter du domaine de la morale une seule vertu réelle, substantielle ou utile. Malheureux serait le moraliste qui cherchait à détruire une vertu. Il échouerait dans ses efforts. Si donc, après l'examen le plus approfondi et le plus sévère, il reste constant que toute vertu rentre nécessairement dans l'une de ces deux vertus principales, cette découverte ne le cède pas en importance aux résultats obtenus dans les sciences chimiques, par la réduction de la variété infinie des composés à un petit nombre de substances simples et élémentaires. Peut-être ne jugera-t-on pas hors de propos de passer ici en revue ces qualités morales, que de temps immémorial, du moins depuis l'époque d'Aristote, on a prétendu placer sur la liste des vertus. C'est, jusqu'à un certain point, répéter ce qui a déjà été dit ailleurs; cependant on ne peut se le dissimuler, avant de pouvoir trouver place pour les vertus réelles et légitimes, il est nécessaire d'en expulser toutes les vertus fausses, imparfaites et douteuses. Cette répétition d'ailleurs est utile pour déblayer le sol des élémens étrangers qui l'encombrent, et y préparer l'introduction d'une morale pratique, simple et naturelle.

1. La *Piété*. Par ce mot on entend le respect pour la Divinité; elle se manifeste par l'obéissance à sa volonté. Ce respect ne peut avoir sa

source que dans la haute idée que nous nous formons de ses attributs, principalement les attributs de sagesse, de puissance et de bonté. Or, vers quelle fin ces attributs, pour qu'ils puissent harmoniser, doivent-ils être dirigés, sinon vers la production du bonheur? Quel autre objet peut se proposer la bonté infinie? A quel autre but l'infinie sagesse peut-elle être appliquée plus efficacement qu'à la découverte des moyens les plus propres à conduire l'homme au bonheur? Et en quoi l'infinie puissance, alliée à la sagesse et à la bonté infinie, peut-elle mieux se manifester que dans l'accomplissement de cette grande fin? Dans quelle situation l'homme est-il donc placé à l'égard de la Divinité? En quoi pourra-t-il le mieux témoigner cette piété qui consiste dans l'obéissance? Sans doute en avançant le grand objet que la Divinité se propose, en travaillant dans la même carrière, celle de la bienveillance. Et sur qui seulement peut cette bienveillance s'exercer? Sur lui et sur ses semblables. A ses semblables et à lui sa puissance d'utilité est donc limitée. Hors de là la sphère de son action est nulle. Qu'est-ce donc que la piété séparée de la prudence t de la bienveillance? Un mot vide de sens.

2. La *Fortitude*. Cette qualité est censée em-

brasser la patience et l'égalité d'âme. Elle est, en grande partie, le résultat d'une organisation physique particulière, et jusque-là, elle n'est pas plus une vertu que la force, la symétrie des formes, ou tout autre don de la nature, qu'aucun effort humain ne peut faire obtenir. Cette partie de la fortitude qui dépend de la volonté, peut, subordonnée à la prudence, avoir droit à l'appellation de vertu. Mais ce n'est pas une qualité essentiellement vertueuse, car il peut y avoir une fortitude imprudente et une fortitude malfaisante, quoiqu'il ne puisse y avoir de vertu imprudente ou malfaisante, en d'autres termes, d'imprudence ou d'improbité vertueuse. En général, la fortitude implique la longanimité dans la souffrance, ou la résistance à la douleur; et comme l'un des grands objets de la vertu est de diminuer la souffrance, la fortitude peut lui être fréquemment un auxiliaire utile. Il est néanmoins des cas où son exercice ne peut produire qu'une prolongation de souffrance; tel est, par exemple, celui où la fortitude dans les douleurs de la torture, par son contraste même avec l'expression ordinaire de la souffrance, ne ferait qu'amener des tortures plus terribles. On peut douter que dans ce cas, comme quelques-uns l'ont prétendu, les plaisirs des affections dissociales, telles que le mépris et le dédain, puissent contre-balancer dans l'âme du patient l'addition de douleurs qui lui est infligée. Bien peu d'hommes sans doute se soumettraient à l'infliction de tortures additionnelles, pour avoir tout à leur aise le plaisir de maudire et de mépriser leur bourreau. Ce qu'il y a de vrai, c'est que bien que la torture soit proche, le mépris l'est plus encore; et quand la souffrance est intense, le patient peut mettre en doute la possibilité d'ajouter à son intensité.

La fortitude s'allie de près au courage; et ce qui fait le mérite de l'un comme de l'autre, c'est l'usage auquel on les applique. Par lui-même, le courage n'est pas une vertu; et, comme nous avons déjà eu occasion de le dire, celui qui se fait un mérite de sa possession indépendamment de son application à un but de prudence ou de bienfaisance, se vante d'une chose qu'un chien, surtout s'il est enragé, possède à un plus haut degré que lui.

5. La *Tempérance*. Elle renferme la sobriété et la chasteté. De prime-abord, la pratique de ces qualités paraît un devoir évident. Ni la prudence, ni la bienveillance ne paraissent compromises par leur observance; l'une et l'autre, au contraire, peuvent l'être sérieusement par leur

infraction. Mais ici encore, on se convaincra,
par un examen plus approfondi, que la tempérance ne peut être une vertu qu'autant qu'elle
est subordonnée aux deux vertus fondamentales.
Qu'y a-t-il de vertueux dans la tempérance qui
produit les maladies et la mort ? Quelle vertu y
avait-il dans les jeûnes des moralistes ascétiques,
qui faisaient des expériences sur la puissance
d'abstinence, et fréquemment périssaient dans
l'épreuve ? A l'égard de la tempérance, comme
pour la plupart des vertus inculquées par les
écrivains de l'antiquité, on voit se manifester
l'imperfection de leur théorie morale ; et la nécessité où ils furent de joindre une règle additionnelle à leur prétendue vertu est la meilleure
preuve que leur code moral était incomplet.
Cette règle, ils l'appelèrent modération ; car ils
estimaient que dans l'excès de la vertu, il ne
saurait y avoir de la vertu. Trop de tempérance
n'était pas de la vertu ; trop peu n'en était pas
non plus. Par leur précieuse médiocrité (*aurea
mediocritas*), ils reconnaissaient vaguement
quelque qualité plus élevée, à laquelle leurs vertus, pour être des vertus véritables, devaient
être subordonnées. Ils ne furent pas heureux
dans le choix du mot, et ne purent en trouver
de meilleur que celui de modération. Son appli-

cation aux affaires de la vie ne les eût point sa-
tisfaits. Certes, ils ne se fussent point contentés
d'une honnêteté modérée de la part de leurs domestiques, d'une chasteté modérée dans leurs
femmes, d'une tempérance modérée dans leurs
enfans. Mais sentant combien leur phraséologie
était insuffisante et inapplicable, il leur fallait
quelque autre guide. Leurs vertus étaient des
vertus d'occasion, dont la valeur dépendait non
de leur excellence intrinsèque et substantielle,
mais des circonstances qui appelaient leur exercice. Ce qui était vertu dans un moment pouvait ne plus l'être dans un autre. Ainsi, leurs
définitions de la vertu étaient quelquefois si
étroites qu'elles excluaient la vertu la plus élevée, et quelquefois si vides et si vagues qu'elles
embrassaient à la fois et la vertu et le vice.

4. La *Justice.* C'est une de ces qualités dont
les moralistes de l'école d'Aristote font grand
bruit. Ses intérêts sont, en grande partie,
placés sous la protection spéciale du législateur,
et son infraction, dans ses conséquences les plus
pernicieuses, est livrée à la répression du Code
pénal. Par justice, on entend généralement
l'accord de la conduite avec les prescriptions
de la loi ou de la morale. C'est de la partie morale, et non de la partie légale, que nous nous

occupons; et en dépouillant les lois de la justice
de leur vague phraséologie, on verra qu'elles ne
sont autre chose que les lois de la bienveillance,
ces dernières consistant dans l'application du
principe du non-désappointement. L'injustice,
en tant que ce mot a une signification définie ou
définissable, consiste dans le refus d'un plaisir
dont un homme a droit de jouir, ou dans l'infliction d'une peine qu'il ne doit pas être exposé
à souffrir. Dans ces deux cas, les lois de la bienveillance sont violées à son égard. Mais les prescriptions de la justice, séparées des règles que la
Déontologie leur applique, sont vagues et insuffi-
santes. Déclarer que telle ou telle action, telle
ou telle ligne de conduite est juste ou injuste, ce
n'est qu'une prétention déclamatoire; à moins
qu'en même temps, les plaisirs et les peines qui
en dépendent ne soient pris en considération.
S'il était prouvé qu'un mal, consistant en un
surplus définitif de souffrance, a été le résultat de telle ligne de conduite donnée, et qu'il
fût convenu que cette ligne de conduite doit
être qualifiée de *juste*, la seule conséquence
à en tirer serait que la *justice* et la *vertu* peuvent être opposées l'une à l'autre, et qu'être
juste, c'est être immoral. Subordonnée au bonheur général, c'est-à-dire aux influences combi-

nées de la prudence et de la bienveillance, la justice a droit à l'appellation de vertu.

5. La *Libéralité*. C'est la bienfaisance sur une grande échelle; mais lorsqu'elle n'est pas placée sous la direction de la prudence, au lieu d'être une vertu ce peut être un vice; et si elle n'est placée sous la direction de la bienveillance, elle peut avoir des effets pernicieux encore plus étendus. Le mot libéral peut recevoir des interprétations vagues et variées. On l'applique dans un sens différent, aux pensées, aux paroles, aux actes. Par libéralité d'esprit on entend communément une disposition à interpréter favorablement la conduite des autres, à éviter d'énoncer des jugemens sévères et précipités, à faire preuve de douceur et de tolérance; limitée à la conduite, la libéralité peut signifier clémence, justice, générosité, et constituer la bienfaisance, soit d'abstinence, soit d'action.

Quand on veut associer à ce mot une idée de prudence et de bienveillance, on a l'habitude d'y joindre un qualificatif qui rend impossible toute fausse interprétation; c'est ainsi qu'on dit : une libéralité prudente, une libéralité bien entendue, une libéralité judicieuse. La libéralité affranchie du contrôle des deux vertus réelles et cardinales, est pure folie. Ce serait une ac-

tion fort libérale dans un homme que de donner
aux autres tout ce qu'il possède dans le présent,
tout ce qu'il attend dans l'avenir; mais cette action ne serait ni sage, ni vertueuse. Il pourrait
y avoir de la libéralité à protéger l'erreur et
l'inconduite; il n'y aurait là ni utilité, ni philanthropie. Enfin il n'y aurait pas de libéralité plus
libérale que celle qui consisterait à se précipiter
dans toutes les extravagances. Dans la langue politique, les mots *libéral*, *libéralisme*, servent à
désigner un parti dans l'État; ils se prennent en
bonne part, et ceux qui les emploient les associent à l'idée de *liberté* : libéral, c'est-à-dire ami
de la liberté; libéralisme, principes de la liberté
appliqués à la vie publique. Il est peu de mots
qui aient été plus funestes que le mot liberté et
ses dérivés. Quand il n'est pas synonyme de caprice et de dogmatisme, il représente l'idée de
bon gouvernement; et si le monde eût été assez
heureux pour que cette idée de bon gouvernement occupât dans l'esprit public la place qu'y
a usurpé cet être de raison qu'on a appelé liberté, on eût évité les folies et les crimes qui
ont souillé et retardé la marche des améliora-
tions politiques. La définition habituelle qu'on
donne de la liberté, qu'elle est le droit de faire
tout ce qui n'est pas défendu par les lois, montre

avec quelle négligence les mots s'emploient dans le discours et la composition ordinaires. Car, si les lois sont mauvaises, que devient la liberté? Et si elles sont bonnes, à quoi sert-elle? Cette expression de bonnes lois, a une signification définie, intelligible; elles tendent à un but manifestement utile, par des moyens évidemment convenables. Quand madame Roland entreprit d'établir une distinction entre la liberté et la licence, elle pouvait flatter l'oreille par des mots harmonieux; elle ne disait rien à l'intelligence.

6. La *Magnificence*. Pour lui donner la qualité de vertu, on exige qu'elle soit placée sous le contrôle de la frugalité. Magnificence, signifie simplement l'action de faire de grandes choses. Et si c'était une vertu, son exercice serait interdit à la grande majorité du genre humain. Une qualité dont la puissance d'action est limitée à une minorité imperceptible de la race humaine, ne saurait avoir des droits réels aux récompenses et aux éloges décernés à la vertu. Le mot magnificence est un terme grandiose qui sert à exprimer la bienfaisance aristocratique. L'ostentation implique l'idée de quelque chose de blâmable; et un mélange d'orgueil, de vanité, de mépris, accompagne son exercice. La magnificence même, avec la frugalité pour limite et

pour contrôle, n'est nécessairement digne ni
d'éloge, ni de blâme; elle peut n'avoir aucune
teinte de vice ou de vertu; elle peut n'impliquer
aucun sacrifice à autrui, ne conférer aucun
plaisir à l'individu lui-même; ce peut n'être
qu'un gaspillage de moyens de plaisir. Comme
question de dépense, elle peut être ou prudente
ou bienveillante. Mais si elle absorbe ou diminue des moyens qui pourraient être plus pru-
demment ou plus bienveillamment employés,
si elle empêche que la dépense ne soit appliquée
à la production d'un bien plus grand, au lieu
du moindre bien qu'elle lui fait produire, dès
lors la magnificence est une source de maux
égale à la différence entre le moindre bien et le
bien plus grand. Revêtir la magnificence du
nom pompeux de vertu, c'est introduire dans le
monde moral un sophisme qui ressemble beaucoup à celui qu'on a fréquemment proclamé en
matière d'économie politique, lorsqu'on a dit
qu'il y a plus de mérite dans la dépense que dans
l'épargne. Ces deux erreurs prennent leur
source dans l'exagération du principe social,
considéré isolément et sous un point de vue
étroit, ce principe social qu'on n'est que trop
disposé à agrandir aux dépens du principe personnel. Or, la valeur et l'influence véritable du

principe social dépendent de sa soumission et de sa subordination au principe personnel, source première d'action ; de même que toutes les vertus secondaires se résolvent dans les deux vertus fondamentales qui règnent sans partage dans l'empire de la morale.

7. La *Magnanimité*. Dans le langage usuel ce mot se traduit par grandeur d'âme. Il donne une idée indéfinie de supériorité intellectuelle qui nous porte à une conduite bienfaisante, soit d'abstinence, soit d'action, telle qu'on ne pourrait, dans les circonstances ordinaires, l'attendre du commun des hommes. Mais les actes magnanimes et les actes vertueux ne sont pas plus synonymes que ne le sont les actions pusillanimes et les actions vicieuses. Supposons qu'un homme en faisant un sacrifice, obtienne pour résultat d'ajouter à la somme définitive de son bonheur, sans diminution ou même avec un accroissement du bonheur des autres ; parce qu'on taxera sa conduite de pusillanimité, cela fera-t-il qu'elle ne soit pas sage et vertueuse ? Qu'un homme au contraire fasse une action qui inflige une somme de malheur, soit à lui-même, soit à autrui, soit à tous deux à la fois, tous les titres pompeux du monde, tous les tributs d'honneur et de gloire décernés à sa magnanimité, feront-ils

que son action soit autre chose qu'un acte de
perversité ou de folie? Ces armes à deux tran-
chans qui dans un moment peuvent rendre
d'utiles services à la cause de la morale, et le
moment d'après infliger à cette même cause de
mortelles blessures, doivent être suspendues
dans l'arsenal de la Déontologie, pour être em-
ployées rarement, toujours avec précaution, et
en nous rappelant sans cesse que la lame coupe
des deux côtés.

Si l'on veut évaluer la quantité de vertu que
contient une action qui prétend à la qualité de
magnanime, il faut d'abord considérer l'organisation physique de l'individu, afin d'estimer la
somme de sacrifice et conséquemment d'effort
qu'il lui a fallu faire. Il faut alors se faire cette
question : L'action a-t-elle été plus nuisible
à l'individu qu'utile aux autres? A-t-elle été
plus nuisible aux autres qu'utile à lui-même?
Dans le premier cas l'action magnanime a été
imprudente; dans le second elle a été malfaisante; dans l'un ni dans l'autre, elle n'a été
vertueuse. L'action magnanime a-t-elle eu pour
résultat de diminuer le bonheur de l'homme?
S'il en est ainsi, le Déontologiste doit l'expulser du territoire de la vertu, où elle s'est
frauduleusement introduite, dévoiler son im-

posture, et la rejeter dans le domaine de l'immoralité.

8. La *Modestie.* C'est une branche de la prudence extra-personnelle ; c'est une vertu d'abstinence. Dans son application aux deux sexes, le sens de ce mot subit une modification remarquable. Un homme modeste, dans la signification générale qu'on donne à ce terme, est un homme timide, réservé, et sans prétention. Une femme modeste présente à la pensée une idée de pureté sexuelle, de chasteté. L'interprétation différente donnée au même mot, selon la manière dont il est employé, est une des conséquences de l'opinion générale qui impose à la femme une loi morale beaucoup plus sévère que celle qui est prescrite à l'homme. Cependant, cette distinction n'existe pas pour le vice correspondant. Le mot immodeste, appliqué soit à l'homme, soit à la femme, conserve à peu près la même signification, et implique impudicité dans les paroles ou dans les actes. La modestie obtient l'affection des hommes en se conciliant leur opinion. Elle réprime la disposition à déplaire par la contradiction ; c'est un tribut offert avec réserve à l'amour-propre des autres. Elle ne s'arroge pas le droit de juger autrui ; ou si elle juge, elle donne à son jugement la forme la moins offensive. La mo-

destie du langage est la réserve prudente appor-
tée à l'expression ; la modestie de conduite , la
réserve appliquée à l'action.

9. La *Mansuétude*. Quand elle est une vertu,
elle se subordonne à la prudence extra-personnelle. Comme la modestie, elle flatte l'amour-
propre de ceux à l'égard desquels elle s'exerce.
C'est la modestie avec une teinte d'humilité plus
marquée ; ou , ce qui produit le même effet sur
celui qui en est l'objet, c'est la modestie produite par la timidité : elle porte plus loin que la
modestie la déférence et la soumission ; et quand
la souffrance est mise en action, la mansuétude
devient de la patience et de la longanimité. C'est
une qualité ordinairement vertueuse, flottant ,
pour ainsi dire, entre d'autres qualités habituellement vertueuses, mais dont la somme de vertu
ne peut être évaluée que par l'application des
autres règles déontologiques. Quand la douceur
d'un homme diminue ses jouissances, et ajoute
moins au bonheur des autres qu'elle ne lui ôte
du sien , cette douceur étant imprudente et im-
prévoyante , est le contraire de la vertu. La douceur est en grande partie une qualité personnelle
donnée par la nature , et ce n'est qu'à cette partie qui est acquise par la pensée, que peut s'appliquer la question de moralité. De cette portion

II.   6

ainsi diminuée, retranchez tout ce qui n'est pas prudence ou bienveillance, et ce qui restera sera de la vertu, c'est-à-dire, qu'il n'y aura là de vertu que la prudence et la bienveillance effective.

10. La *Véracité*. Deux branches de cette qualité sont pernicieuses : c'est la véracité anti-prudentielle et la véracité anti-sociale. La violation de la vérité est vicieuse, quand elle inflige du mal à un individu ou à la communauté; et le prix attaché à la vérité est un élément très important dans le domaine de la morale.

Mais la vérité n'a pas toujours, et en toute occasion, une valeur uniforme. Comme toutes les qualités qui prétendent à la qualification de vertueuses, la vérité doit être subordonnée à la prudence et à la bienveillance. Son excellence ne peut être estimée que par le résultat du bien qu'elle produit; et quoique l'obligation de subordonner la prudence et la bienveillance à la vérité paraisse une législation toute simple et sans aucun danger, on se convaincra, par un court examen, que la vérité ne peut être complétement bienfaisante qu'à la condition d'être subordonnée aux deux vertus fondamentales; car la vérité est nécessairement ou utile, ou inutile, ou nuisible. Aucun obstacle ne doit être

mis aux vérités utiles; elles ne sauraient avoir
trop d'influence, être trop répandues. La prudence et la bienveillance s'accordent non seulement à encourager leur expression, mais encore
à donner des ailes à leur circulation. Quant aux
vérités dont l'influence est indifférente, et qui
ne sont ni nuisibles ni bienfaisantes, on peut
les abandonner aux caprices des hommes, car
elles sont inoffensives. Mais pour les vérités
nuisibles, celles qui créent des peines, et dé-
truisent des plaisirs, elles doivent être suppri-
mées; elles sont des agens de mal, non des instrumens de bien. Heureusement le nombre n'est
pas grand de ces vérités pernicieuses, et les occasions de les exprimer sont rares. L'homme qui
traite légèrement les lois de la véracité, qui
cherche l'occasion soit de trahir la vérité, soit
de prévariquer, soit de mentir, perd cette réputation de véracité dont la conservation est l'un
des premiers objets que se propose la prudence.
Et le motif d'utilité doit être grand pour obliger
un homme à sacrifier une portion de sa réputation de véracité; car quiconque ment n'est pas
loin de se contredire.

11. L'*Amitié*. Elle n'est ni un vice, ni une
vertu, tant qu'elle n'entre point dans le domaine
de la prudence ou de la bienveillance. C'est sim-

plement un certain état des affections impliquant attachement à des objets particuliers. Or, cet attachement peut être ou nuisible ou bienfaisant. Il est difficile qu'il soit indifférent : ce serait supposer des motifs et des conséquences de peines et de plaisirs, sans qu'il en résultât, de part ni d'autre, aucun excédant définitif; circonstance tellement rare dans le domaine de l'action humaine, qu'il est à peine nécessaire d'en tenir compte. L'amitié peut être nuisible à l'objet aimant et à l'objet aimé; dans ce cas, c'est tout à la fois une infraction aux lois de la prudence et de la bienveillance. Elle peut être pernicieuse à celui qui aime, et, alors, son exercice est interdit par la prudence. Sans être pernicieuse à celui qui aime, elle peut l'être à la personne aimée; dans ce cas, elle est malfaisante. De même, lorsque les plaisirs de l'un des deux sont plus que contre-balancés par les peines de l'autre, il y a une perte nette de bonheur, et par conséquent de vertu. Quand l'amitié est une source d'avantages mutuels, il y a exercice de prudence et de bienveillance, jusqu'à concurrence de ces avantages mutuels, en supposant toujours que les conséquences des paroles ou des actes qui sont la source de ces avantages, ne s'étendent pas au-delà des individus en question ; car quel que soit le résultat de bonheur que cette amitié leur procure, elle ne sera pas vertueuse, si elle détruit dans autrui plus de bonheur qu'elle ne leur en confère à euxmêmes.

12. L'*Urbanité*. C'est là une vertu fort douteuse. Cette partie de l'urbanité qu'on appelle bon caractère ou bon naturel, est un élément individuel, qui fait partie de la constitution physique de l'individu ; et l'appellation de vice ou de vertu ne saurait convenablement lui appartenir. Quand l'urbanité est le résultat d'un effort ayant pour but de donner du plaisir à autrui, quand elle empreint de douceur la parole ou l'action, rend les choses agréables plus agréables encore, et épargne, dans ce qui peut être pénible à autrui, toute infliction de peine inutile ; lorsqu'en un mot elle revêt le caractère de la bienveillance, alors et seulement alors elle est une vertu ; mais elle n'a pas de vertu hors de la bienveillance : tout ce qu'elle a de vertu consiste dans la bienveillance. L'urbanité a droit d'être appelée vertu toutes les fois qu'elle a la bienveillance effective pour souveraine et pour guide, à condition que la somme du plaisir sacrifié par la prudence n'excèdera pas celle du plaisir gagné par la bienveillance.

Les écrivains les plus distingués ont donné de la morale des idées si vagues, des définitions si incomplètes, qu'il serait facile de décrire l'imprudence et l'improbité, et de montrer combien elles ont de rapports avec les qualités auxquelles ils donnent exclusivement le nom de vertu. Qu'on voie, par exemple, quels sont les traits distinctifs auxquels M. Hume, dans ses *Essais*, veut qu'on reconnaisse une disposition vertueuse. « C'est, dit-il, ce qui nous porte à agir et à nous occuper, ce qui nous rend sensibles aux passions sociales, fortifie le cœur contre les assauts de la fortune, réduit les affections à une juste modération, fait que nous nous plaisons à nos propres pensées, et nous porte plutôt aux plaisirs de la société et de la conversation qu'aux plaisirs des sens. »

Il seroit facile de montrer que, parmi ces qualités, il en est à peine une qui soit nécessairement vertueuse, à peine une qui ne puisse être appliquée à la production du malheur. L'activité et l'occupation peuvent tout aussi bien être dirigées vers des objets nuisibles que vers des objets utiles; les passions sociales, peuvent être d'abondantes sources d'imprudence et d'improbité; la modération et les affections peuvent être ou ne pas être louables. Pourquoi les affections ver-

tueuses, au lieu d'être modérées, ne seraient-
elles pas maximisées? Le moyen de faire que nos
pensées nous plaisent, ne consiste que trop souvent à les nourrir d'alimens coupables ; il n'est
point de pensées qui *plaisent* plus que les pensées de déréglement. Quant aux plaisirs de la
société et de la conversation qu'on doit préférer
à ceux des sens, à moins d'être placés sous la direction de la prudence et de la bienveillance,
leur exercice peut tout à la fois être dangereux
pour l'intelligence, et vicier les sympathies bienveillantes.

Mais comment s'étonner que Hume soit tombé
dans l'erreur, lui qui donne pour base à la conduite vertueuse un sens de vertu, un sentiment,
qu'on ne peut rapporter à aucun résultat? « Une
action, dit-il, est vertueuse ou vicieuse, parce
que sa vue cause un plaisir ou un malaise d'une
espèce particulière. » III, 28. Mais quelle action
ne produira sur des hommes différens des sentimens divers? « Nous avons le sentiment de la
vertu, continue-t-il, lorsque la contemplation
d'un caractère nous fait éprouver une satisfaction d'une espèce particulière. C'est dans le sentiment même que résident nos éloges ou notre
admiration. Nous ne concluons pas qu'un caractère est vertueux par cela seul qu'il nous

plaît ; mais en *sentant* qu'il nous plaît d'une manière particulière, nous *sentons* en effet qu'il est vertueux. La même chose a lieu dans les jugemens que nous portons sur le beau en tout genre, ainsi qu'en matière de goût et de sensation ; notre approbation est comprise dans le plaisir immédiat que ces choses nous confèrent. »

Il est véritablement étonnant que le monde ait possédé ce sens nouveau, ce sens moral, et qu'il ait attendu le siècle dernier pour y penser. Et puisque l'exercice de ce sens est un plaisir, son inventeur a assurément des droits à la récompense que Xerxès et Tibère avaient promise à qui inventerait un nouveau plaisir! Mais si ce sens est inné et organique, il doit être aussi fort dans la vie sauvage que dans la vie civilisée. Est-ce là ce qu'on prétend?

Hume a entrevu la lumière de la vérité. Il a fait briller le flambeau de l'*utilité*, et a fait voir à sa clarté quel est le motif et le mérite de la justice. Mais il s'est arrêté là, comme s'il eût ignoré le prix de sa découverte. Néanmoins, il n'y a dans Hume, ni obstination, ni artifice imposteur. Il n'avait épousé spécialement aucun système, et une douce philosophie respire dans chaque ligne de ses ouvrages.

Mais ce *sens moral*, au lieu de donner une
solution, n'est, après tout, qu'un artifice pour
éviter d'en donner une. Il ne fournit en effet
aucun moyen de distinguer le vrai du faux, le
devoir de ce qui ne l'est pas. Il ne donne aucune réponse à cette question : Dois-je ou ne
dois-je pas faire cela? Il peut lui arriver de dire
indifféremment oui ou non! En supposant que
le partisan du sens moral dît non, et qu'on lui
demandât pourquoi? sa seule réponse serait :
Mon sens moral condamne cette action. Si le
questionneur venait alors à lui demander ce
qu'il entend par sens moral, il n'aurait rien à
répondre, sinon que l'action dont il s'agit est
une de celles dont l'accomplissement cause de
la douleur : pressé de fournir la preuve de
cette douleur, il pourrait répondre que tous les
hommes sages et bons l'éprouvent; mais il y aurait plus d'exactitude et de vérité à dire que *lui*
l'éprouve. Dans le premier cas, il rejette toute
la question sur l'autorité qui coupe, mais ne
délie pas le nœud gordien, et rend toute morale
arbitraire : dans le second, la raison qu'il me
donne à moi, pour m'engager à ne pas faire
cette action, c'est que s'il la faisait, lui, la chose
lui serait pénible. S'il me démontrait que cette
action doit m'être pénible, ce serait quelque

chose; mais c'est justement le contraire que nous supposons; car si la chose m'était pénible, je ne songerais pas à la faire, et je ne lui adresserais, à lui, aucune question.

En outre, l'existence du sens moral, si elle n'est pas organique ou intuitive, manquera justement là où elle est le plus nécessaire, c'est-à-dire dans ceux qui ne l'ont pas. Il expliquera ce qu'on savait déjà, et laissera tout le reste dans une obscurité aussi profonde qu'avant. C'est une médecine qui ne peut produire ses effets que sur ceux qui sont en bonne santé, et nous savons tous qui a dit cette parole dont nul encore n'a contesté la sagesse : « Ceux qui se portent bien n'ont pas besoin de médecin. »

Ce serait en vain qu'on essayerait de donner à la morale la déclamation pour base, et de fonder des théories sur des faits opposés à tout ce que nous connaissons. Parce que l'on aura prouvé que la vertu n'est pas désintéressée, en sera-t-elle moins la vertu ? Nullement. Élèverons – nous l'édifice de la morale sur la base de la vérité ou sur celle du mensonge ? Amis de la vérité, répondez !

Quoi que puissent être les hommes, nous devons les connaître comme ils sont; un portrait flatté et infidèle ne corrigera pas l'original. Fussent-ils pires qu'ils ne sont, il serait encore utile de les étudier consciencieusement; car toute règle et toute argumentation fondée sur une estimation erronée, doit être vaine et pernicieuse en proportion des erreurs de cette estimation. La connaissance de l'homme doit être bienfaisante à l'homme. Les époques de la dépravation la plus grossière ont toujours été celles de la plus profonde ignorance, et jamais il n'y eut plus d'exemples de vice hideux et contagieux que dans ces temps où l'on prêchait avec le plus de zèle, et où l'on exécutait avec le plus de scrupule d'effroyables et inutiles sacrifices de bonheur.

Ceux qui parlent et ceux qui font des lois, dans la supposition que l'homme agira contrairement à ses intérêts avérés, ceux-là font de la morale une fable, et de la législation un roman. Leurs injonctions sont illusoires, leurs expédiens inutiles.

De tous les systèmes de morale présentés à la sanction du genre humain, lequel est plus honorable à ses défenseurs que le système déontologique? Irréprochable, il ne demande point de grâce; il n'a point de défauts cachés que doive recouvrir le vernis du sophisme, point d'inexplicables mystères à abriter sous l'égide de l'autorité. Il contient en lui-même les élémens de son perfectionnement; il ne met aucune barrière aux investigations de ceux qui sont disposés à suivre la vérité et la vertu dans le labyrinthe moral où le préjugé, et l'intérêt plus fort que le préjugé, peuvent les avoir conduits. Nul ne doit rougir d'avouer en toute occasion son désir d'être gouverné dans toute sa conduite par les doctrines de l'utilité; en faisant cette déclaration, il peut d'avance compter sur la sympathie d'un grand nombre; car on ne saurait nier que la sanction morale ne soit réellement basée sur la reconnaissance de ces doctrines. Le code déontologique règle et harmonise l'opinion populaire, qui est toujours prête à accorder à sa voix une obéissance spontanée. C'est la loi de la société, coordonnée et résumée systématiquement, avec quelques légères altérations nécessaires à l'harmonie et à l'unité du tout.

Mais lorsqu'un système de morale propose à l'homme un degré de perfection supérieur à celui auquel il peut avoir des motifs de s'élever, ce système est faux et sans consistance.

Si la conduite qu'il propose aux hommes en général n'est, dans la nature même des choses, praticable qu'à un petit nombre d'individus, ce système est faux et sans consistance.

S'il propose à l'homme une ligne de conduite à suivre, qu'il ne lui est pas possible de suivre, vers laquelle il n'est porté par aucune sanction de plaisir, par aucune menace de peine, si, en un mot, il demande à l'homme de faire plus qu'il ne lui est possible de faire, ce système est faux et sans consistance.

Mais afin que l'utilité devienne la base de l'approbation décernée à une action, il n'est pas nécessaire que tous ceux qui l'approuvent soient capables d'expliquer son utilité, ou que tous ceux qui la désapprouvent en aient aperçu le danger, et soient en état de le faire voir aux autres. Ce danger, un homme l'aperçoit; il désapprouve l'acte en question; il exprime sa désapprobation; son exemple fait autorité. Il déclare que l'action est mauvaise, qu'elle est coupable, nuisible; que nul n'a de motif pour l'approuver, du moins dans autrui; on le croit sur parole. L'opinion générale s'établit que cette action est mauvaise, et doit être désapprouvée. Elle est généralement désapprouvée. La désapprobation contre cette action une fois établie, l'occasion se présente pour un individu de considérer s'il commettra cet acte, ou ne le commettra pas. Il conclut négativement. Pourquoi? Il fait la réflexion que l'action est désapprouvée. La com-

mettre, ce serait s'attirer le mauvais vouloir des
personnes qui la désapprouvent. Il s'en abstien-
dra donc. Est-ce parce qu'il s'aperçoit qu'elle est
pernicieuse? Non ; il ne s'occupe pas de savoir
si elle est ou n'est pas pernicieuse. Qu'a-t-il besoin de porter jusque-là sa réflexion? Il s'en
gardera bien. S'il allait jusqu'à s'enquérir de ce
que l'acte en question présente de nuisible,
peut-être ne réussirait-il pas à le trouver. Ce
qui a formé la base de sa désapprobation, ce
n'est pas la nature pernicieuse de l'action en
elle-même, c'est la désapprobation générale
dont elle est l'objet. Mais cette désapprobation
générale, sur quoi est-elle fondée? Sur l'expérience particulière qui a été faite du caractère
pernicieux de cette action.

Lors même qu'il lui aurait reconnu ce caractère pernicieux, cette connaissance ne servirait
pas de véhicule immédiat à sa conduite. Ses motifs seraient puisés dans l'idée des plaisirs et des
peines qui doivent en résulter; c'est-à-dire, des
peines provenant du mauvais vouloir des hommes qu'il ne manquerait pas de s'attirer en faisant une action qu'ils désapprouvent.

Tout concourt à rendre ce mode de raisonnement habituel, si habituel et si rapide qu'il devient une sorte d'instinct; c'est une leçon que

nous prenons presque à chacun des momens de notre existence. Comment nous étonner qu'elle nous soit si familière, quand nous savons ce que peut la pratique dans l'exercice des arts les plus difficiles?

Ce qui peut le mieux servir les intérêts de la morale, c'est l'habitude de comparer les conséquences des actions, de peser leurs résultats de peine et de plaisir, et d'évaluer au total le profit ou la perte du bonheur humain. Le plus habile moraliste sera celui qui calculera le mieux, et l'homme le plus vertueux celui qui appliquera avec le plus de succès un calcul juste à la conduite. Il ne sera pas toujours possible d'arriver à ce but sans prendre quelques détours, sans évoquer des motifs et des conséquences plus ou moins éloignés. Le premier élément du succès, c'est de se proposer une conduite vertueuse.

Se proposer suppose un jugement. Le jugement est l'action de comparer deux idées en même temps, et de décider que l'une est ou n'est pas conforme à l'autre.

Quand un homme joue aux boules, vous le voyez long-temps balancer en avant et en arrière la main qui tient la boule avant de la lancer. Que se passe-t-il pendant tout ce temps dans son esprit? Il place les forces motrices de

sa main dans une infinité de situations différentes ; il ajuste les fibres musculaires de sa main
et de son bras à leurs divers degrés de tension. Il
passe en revue toutes ces combinaisons, afin de
trouver celle que lui fournit sa mémoire, et
qui, dans des circonstances parallèles de distance,
a obtenu l'effet désiré, celui d'atteindre le but
que sa boule doit frapper.

Voilà donc une infinité de jugemens pronon-
cés dans l'espace de quelques minutes ; car de
toutes les combinaisons qu'il a essayées avant
d'en venir à celle qui le décide à lancer sa boule,
il n'en est pas une qu'il n'ait jugée différente
de celles que sa mémoire lui retraçait comme
modèles.

La portion véritablement pratique de la morale consiste à conduire les ressorts de nos actions, et à diriger les affections vers l'accroissement de la félicité humaine. Ces affections,
comme nous l'avons souvent répété, sont, ou
personnelles, ou sociales, ou dissociales ; chacune se rapportant au plaisir et à la peine, et
agissant sur les intérêts, les motifs, les désirs et
les intentions. La question de vertu et de vice
est presque en toute occasion représentée par
un mal présent ou un bien présent, mis en regard d'un bien et d'un mal à venir. Quand le

résultat final est bien calculé, il y a moralité; quand le calcul est faux, il y a immoralité. Le choix entre ce qui est et ce qui sera, constitue en effet tout le problème à résoudre, et les lois de la morale entrent en action du moment où la volonté influe sur le choix de la conduite. L'empire de l'esprit sur ses propres opérations est la seule base sur laquelle la théorie de la morale puisse s'élever. Autant vaudrait parler à un arbre ou à un rocher que de s'adresser à des motifs qui ne peuvent être mis en action. Arracher les plaisirs et les peines aux asiles qui les recèlent, montrer les liens de relation et de dépendance qui les rattachent à la conduite, mettre les intérêts les plus grands à même de prévaloir sur les intérêts moindres, c'est là la tâche que doit se proposer le véritable moraliste. Il attache aux actes leurs conséquences de bien et de mal; il éclaircit les idées vagues et obscures en les faisant entrer dans le domaine du bonheur et du malheur; à l'aide de la règle du bonheur définitif, il résout tous les problèmes que la vanité, et l'autorité qui s'appuie sur elle, voudraient placer hors de la portée d'un examen consciencieux, et c'est ainsi qu'il sert la cause de la vérité et de la vertu. Cette cause est, après tout, d'une simplicité que tous peuvent comprendre. Prudence et imprudence, probité et improbité, bienfaisance et malfaisance; en six mots voilà la liste des seules vertus qu'elle reconnaisse, des seuls vices qu'elle désavoue. Au delà de ces qualités simples et intelligibles, il n'y a qu'incertitude et mystère.

II.

PRUDENCE PERSONNELLE.

—

APRÈS avoir ainsi traversé, dans notre marche quelque peu irrégulière, le domaine de la morale pratique, de manière à présenter un coup d'œil général du système prescrit par l'utilité ; après avoir démontré, ou tâché de démontrer qu'il n'y a, après tout, que deux classes de vertus, les vertus prudentielles et les vertus bienfaisantes, il ne nous reste plus qu'à développer la discipline intellectuelle propre à donner à la

prudence et à la bienfaisance toute leur efficacité dans la création du bonheur. La prudence,
comme nous l'avons fait voir, se divise naturellement en deux branches : la première comprend
la prudence qui ne regarde que nous , celle qui
se rapporte à des actes dont l'influence n'atteint
que leur auteur, en un mot, celle qui concerne
l'individu dans ses rapports avec lui-même , et
non dans ses rapports avec la société. La seconde
comprend la prudence prescrite à l'individu par
suite de ses relations avec ses semblables; celle-
là se lie intimement à la bienveillance , et spécialement à la bienveillance d'abstinence. Les prescriptions de la prudence purement personnelle
sont les premières qui sollicitent notre attention.
Le sujet est moins compliqué ; la puissance de
l'individu sur lui-même est plus complète. Dans
ce qui ne concerne que lui, l'individu peut arriver, d'une manière plus facile et plus immédiate,
à l'évaluation de la peine et du plaisir ; et la lumière jetée sur cette partie du sujet, contribuera à éclaircir les difficultés apparentes du
reste de la matière.

La prudence personnelle comprend dans son
domaine les actes et les pensées, ou plutôt les
actes extérieurs et intérieurs; car les pensées ne
sont autre chose que des actions intérieures ou

mentales. Ses lois dirigent l'individu dans le choix des actions et des pensées, dans l'intérêt de la maximisation de son bonheur.

Quant aux actions extérieures, ce que la prudence peut faire, tout ce qu'elle peut faire, c'est de choisir entre le présent et l'avenir, et dans la vue d'augmenter la somme totale de bonheur, de donner la préférence à un plaisir futur plus grand sur un moindre plaisir actuel. Mais de deux portions de bonheur d'égale grandeur, l'une présente, l'autre non présente, la portion présente aura toujours plus de valeur que la portion future, le plaisir à venir étant évalué en raison de sa proximité, et, en cas d'incertitude, par la mesure de cette incertitude. Si la question n'est pas une question douteuse, si deux portions de bonheur se présentent, égales en valeur et en éloignement, ou égales en valeur malgré l'éloignement, la vertu n'a que faire dans le choix entre les deux ; c'est une question de goût, non de vertu.

Dans le domaine de la prudence personnelle, comme nous avons déjà eu occasion de le remarquer, viennent se ranger plusieurs de ces vertus, qu'Aristote et ceux qui l'ont pris pour guide ont, jusqu'à ce jour, mis sur la même ligne que la prudence, et dont chacune n'est

que la prudence elle-même, tantôt sous une
forme, tantôt sous une autre, et exige pour
son exercice le sacrifice du présent à l'avenir.
Ces vertus sont la tempérance, la continence,
la fortitude, la magnanimité et la véracité. Otez-
en la prudence, et ce qui restera ne sera presque
rien. Si, après le retranchement de la prudence,
il y reste encore quelque chose, ce peu ne pourra
être que de la bienveillance ; tout le reste, quelles
que soient ses prétentions au nom de vertu, ne
saurait être que de l'imposture. Si l'intérêt des
autres est affecté dans l'exercice que nous faisons
nous-mêmes des vertus prudentielles, la prudence n'est pas purement personnelle, mais
extra-personnelle. Mais si le sacrifice exigé par
une action ne doit pas produire, soit pour nous,
soit pour autrui, un bonheur plus grand que le
bonheur sacrifié, ce sacrifice n'est que de l'ascéticisme ; c'est l'opposé de la prudence, c'est le
résultat d'une illusion ; c'est un faux calcul, ou
l'absence de tout calcul ; c'est de l'aveuglement ;
car sacrifier une portion, ou la moindre portion
de plaisir dans un autre but que celui d'obtenir
en retour une quantité plus grande de plaisir pour
soi ou pour autrui, ce n'est pas vertu, c'est folie ;
et contribuer ou s'efforcer de contribuer à ce que
d'autres renoncent à une portion de plaisir dans

un but autre que celui d'obtenir en retour une plus grande quantité de plaisir, ou l'exemption d'une quantité de peine plus qu'équivalente, ce n'est pas vertu, mais vice; ce n'est pas bienveillance, mais malveillance; ce n'est pas bienfaisance, mais malfaisance.

« *Sperne voluptates*, dit Horace, *docet empta dolore voluptas.* « Méprisez les plaisirs; le plaisir « n'est acheté qu'au prix de la douleur. » Voilà un précepte prodigieusement absurde, si on le prend à la lettre; mais cette absurdité n'était pas dans la pensée du poète, et jamais il ne songea à l'inculquer à ses lecteurs. C'est le vers, non la moralité qui l'occupait; et quand il faut choisir entre la vérité et le rhythme, entre l'utile et l'agréable, où est le poète qui choisirait autrement qu'Horace? Ce que ce dernier a eu réellement en vue, c'est ce que nous avons enseigné nous-même. « *Utilitas*, dit-il ailleurs, *utilitas justi propè mater æqui.* » Là, fort heureusement, l'harmonie et le bon sens sont d'accord; là, le principe de l'utilité est présenté comme la règle du bien et du mal, en termes dont la signification est assez claire, bien que l'expression soit incomplète. Qu'est-ce que l'utilité, sinon une chose qui a la propriété de produire le plaisir et d'empêcher la peine?

Dans le domaine de la prudence purement personnelle, les plaisirs des sens étant les plus intenses et les plus impérieux dans leurs exigences, sont spécialement ceux qui exigent l'appréciation la plus prudente et la plus attentive des peines qui leur correspondent. Ici, les conseils du médecin et de l'économiste peuvent remplacer ceux du moraliste. Le choix à faire est souvent entre la jouissance d'un moment, et la douleur d'un grand nombre d'années; entre la satisfaction de la passion d'un jour, et le sacrifice de tout une existence; entre une stimulation passagère des organes vitaux, et les conséquences prochaines de maladie et de mort.

Les déréglemens des passions sexuelles sont la source la plus abondante des crimes et des malheurs du monde. Guerry, dans sa *Statistique morale de la France*, dit « qu'un trente-troisième des attentats contre la vie a lieu dans les mauvais lieux; un quatorzième des crimes d'incendiarisme, une grande partie des duels, la plupart des cas de folie, tous les infanticides et presque tous les suicides, parmi les jeunes femmes, prennent leur source dans l'immoralité des relations sexuelles. » L'affaiblissement de la force de l'opinion publique, dans cette partie du domaine de la conduite, réclame un prompt remède ; et M. Guerry conclut avec beaucoup de raison, « que quelque opinion qu'on se forme de l'innocence ou de la culpabilité des infractions aux lois de la chasteté, on a beaucoup trop négligé d'en rechercher les conséquences physiques ; car, ajoute-t-il, plus on examinera la chose avec attention, et plus on se convaincra que les vues de la véritable utilité et les devoirs moraux sont choses inséparables et identiques. »

Mais les plaisirs du sexe sont dans la même catégorie que tous les autres plaisirs ; et le principe déontologique peut seul les placer sur leur véritable base.

Il est certain que l'ascéticisme, sous le nom de religion, s'est prononcé contre eux ; et par une conséquence de ce dogme faux et pernicieux, qu'on ne peut acheter la faveur du ciel que par le sacrifice du plaisir, le plus attrayant de tous les plaisirs a été choisi de préférence pour ce sacrifice. Ce fut une invasion grave du domaine de la vertu, que l'établissement de cet axiome religieux que ces plaisirs sont par eux-mêmes immoraux, odieux à la Divinité, et qu'en s'en abstenant, on fait une chose méritoire. Ce n'est qu'en élevant un nuage de confusion autour du mot chasteté, qu'on est parvenu à ériger en vertu l'abstinence de jouissances dans tous les cas, et sans considérer le résultat définitif, soit en bien, soit en mal.

La chasteté n'est-elle donc pas une vertu? Sans aucun doute, et une vertu très méritoire. Et pourquoi? Non parce qu'elle diminue, mais parce qu'elle augmente les jouissances.

La tempérance n'est-elle pas une vertu? Assurément oui. Mais pourquoi? Parce qu'elle modère la jouissance, et la retient à ce degré de saveur, qui, somme toute, ajoute le plus à la masse du bonheur.

La modestie qui prouve la chasteté, et qui en est une ramification, qu'est-ce autre chose qu'une invention pour accroître le plaisir? La modestie commande le mystère, le mystère stimule la curiosité, la curiosité aiguillonne le désir, et la jouissance qu'a précédé le désir en devient plus vive.

En fait, la modestie est à l'un de nos appétits sensuels ce que les amers et les acides sont à un autre. Ils contribuent à les rendre agréables et salubres, non par l'affinité, mais par le contraste. S'ils créent passagèrement une sensation désagréable, ils produisent, en définitive, une plus grande somme de sensations agréables qu'on n'en aurait éprouvées sans leur secours. Si à un plaisir du palais ils substituent un goût déplaisant, c'est pour créer un plaisir plus grand et plus durable.

Et en effet, la tempérance, la modestie, la chasteté, sont parmi les sources les plus efficaces de délices. Elles font partie de ces mêmes plaisirs, qu'elles agrandissent et purifient ; qui, sans elles, perdent la meilleure part de leur valeur, et deviennent presque insignifians.

Chose étrange, qu'un résultat si évident ait échappé à la pénétration de toute la foule des moralistes ; que l'usage simple de ces instrumens inestimables ait été à ce point méconnu et défiguré. La force destinée à être appliquée au ressort de l'action, dans le seul but d'accroître et de fortifier son activité, on l'a représentée comme destinée à briser ce ressort ; et c'est ainsi que les moyens mis par la Providence entre les mains de l'homme pour créer le bonheur, ont été employés à le détruire. Ces moralistes ressemblent beaucoup au chirurgien qui, pour guérir un bouton, amputerait un bras.

On a dit, d'une manière qui semble paradoxale, que la religion est l'égoïsme porté au plus haut point ; on peut dire, avec autant de raison, que la modestie est un raffinement de volupté. Si futile est la distinction, si absurde la différence, si funeste le divorce qu'on a

établi entre l'intérêt et le devoir, entre ce qui
est vertueux et ce qui est agréable!

Les actes qui rentrent dans cette partie de la
prudence que nous examinons en ce moment,
sont ou isolés, et conséquemment accomplis sans
témoins, ou accomplis en présence d'autrui. On
peut donc les diviser en actes secrets et actes pa-
tens; les derniers dont on peut connaître, les
autres dont il est impossible de connaître.

Ceux qui sont accomplis sans témoins sont ou
des actes intérieurs, c'est-à-dire des pensées, en
tant que ces pensées sont volontaires; ou des
actes extérieurs *susceptibles* d'être accomplis
en la présence d'autrui. Il est des actions qui,
bien qu'accomplies en présence des autres, sont
pour eux un objet de complète indifférence, et
par conséquent ne rentrent pas sous le contrôle
de la prudence extra-personnelle ou de la bienveillance. Quand un acte est entièrement inof-
fensif pour autrui, il rentre sous l'empire de la
sanction physique ou pathologique. Quand il est
ou peut être offensif, il peut être soumis à l'application de la sanction rétributive, c'est-à-dire,
de la sanction populaire ou morale, et de la
sanction politique qui comprend la sanction
légale.

Mais les actes qu'il n'est pas possible de counaître, ou qui du moins ne sont pas connus par eux-mêmes, peuvent se révéler par leurs conséquences ; et ces conséquences peuvent être immatérielles ou matérielles.

Si un acte est inconnu, et n'est pas accompagné de circonstances matérielles, il rentre dans le domaine non de la morale, mais du goût. Un homme est parfaitement libre de le faire ou de ne le pas faire, et quelque parti qu'il adopte, il ne saurait faillir. S'il a une pomme devant lui, et qu'il n'y ait point d'indigestion à craindre, il peut la manger ou ne pas la manger ; la prendre de la main droite ou de la main gauche. S'il a devant lui une pomme et une poire, il peut manger soit la pomme, soit la poire, la première. La Déontologie n'a rien à voir à sa conduite à cet égard.

Mais quand des conséquences matérielles résultent d'une action, alors commence la juridiction de la morale. Là, deux intérêts peuvent se trouver en présence, l'intérêt du moment et l'intérêt du reste de la vie. Là peut se présenter la tentation ; il peut être nécessaire de faire un sacrifice, le sacrifice du présent à l'avenir, ou de l'avenir au présent.

Et alors se présente la question : Des deux sacrifices, quel est celui qui *coûte* le plus ? Suppo-

sons que la pomme ait pu produire une indigestion. Au prix de la souffrance à venir que l'indigestion doit amener, est-il sage d'acheter la
satisfaction immédiate et actuelle de manger
cette pomme? Et s'il n'y a pas danger d'indigestion, aucun sacrifice n'est nécessaire. Manger la
pomme est un plaisir dont il n'y a aucune peine
à déduire, et qui constitue un profit tout clair.
Mais si l'indigestion est à craindre, dès lors il
faut estimer la valeur comparative de la peine
et du plaisir, et la nécessité du sacrifice personnel sera subordonnée à l'excédant obtenu.

De même, mangerai-je aujourd'hui à mon
dîner du bœuf ou du mouton? Le prix est le
même, les frais de cuisson pareils; ce n'est qu'une
question de goût. Mais en supposant que le
mouton soit plus cher que le bœuf, et qu'en conséquence de mes moyens pécuniaires, la question de prix ne me soit pas indifférente, il y a
évidemment lieu ici à l'exercice de la prudence;
mais si nous supposons ensuite que ma femme
ait une grande envie de manger du mouton, et
que sa situation exige que je ne la contrarie pas
dans ses désirs, alors la prudence se réunit à la
bienveillance, même aux dépens d'une partie du
repas du lendemain, pour décider en faveur du
mouton.

Pour subordonner nos pensées à notre bonheur, il y a deux règles à suivre :

1°. Chasser les pensées pénibles;

2°. Rechercher les pensées agréables.

Nous nous occuperons plus tard des pensées
qui ont pour objet d'influer sur les actions. Elles
se rapportent à cette partie de la prudence qui
s'occupe du choix des moyens. Telles sont les
pensées qui remontent dans le passé, dans le but
d'y chercher des enseignemens pour la conduite
à venir.

La première leçon que donne la prudence
personnelle dans la direction de la pensée, est
négative; elle nous apprend à éviter les pensées
qui entraînent avec elles quelque chose de pénible. La leçon qu'elle nous donne ensuite est
positive; elle veut que nous provoquions les
pensées auxquelles s'attache une satisfaction
personnelle. Dans les deux cas, la prudence
exige que le rejet des pensées pénibles, et la
création des pensées agréables, ne soient pas
accompagnés de l'infliction d'une peine plus
grande que celle qu'on a évitée, ou du sacrifice
d'un plaisir plus grand que celui qui a été obtenu. N'allez pas en quête des pensées pénibles,
dans le dessein de les mettre de côté, ou dans
l'espoir qu'il vous sera facile de les écarter. Ce

serait le moyen non de les éloigner de votre esprit, mais de les y fixer soigneusement. Ne recherchez que les pensées agréables ; ce sera le moyen tout à la fois de vous procurer les pensées agréables, et de tenir éloignées les pensées pénibles ; car il en est de l'esprit comme de la matière, le même espace ne peut être occupé par deux objets à la fois. Il est vrai que deux ou plusieurs objets peuvent se succéder l'un à l'autre avec une rapidité merveilleuse ; mais se succéder n'est pas coexister. Succession, n'est point simultanéité.

Les pensées nous arrivent sans que nous les recherchions, et dans beaucoup d'esprits, les pensées haïssables se présentent plutôt que les pensées agréables. C'est folie que de rechercher des maux inutiles. Les pensées pénibles qui doivent venir, viendront ; mais n'ajoutez pas inutilement à leur nombre ; n'encouragez pas leur venue ; repoussez-les aussi vite et aussi loin que vous pourrez.

Isolé du présent et de l'avenir, le passé est sans utilité ; car le passé, le présent et l'avenir ne peuvent nous intéresser ou nous instruire qu'autant qu'ils nous fournissent des matériaux dont nous puissions extraire du bien ; or, le passé étant irrévocable, les événemens et les

opinions qui le suivent, ne peuvent exercer sur
lui aucune influence. Mais c'est dans le passé
seulement que réside l'expérience, et c'est de
lui seul qu'on peut obtenir les résultats utiles à
la direction de l'avenir. Si nous en exceptons
les leçons qu'il nous donne, la plupart des souvenirs du passé sont pénibles. Son histoire est,
en grande partie, une histoire de privations. Si
l'esprit peut être assez heureusement disposé
pour faire, de ces privations, une source de souvenirs agréables, en y arrétant sa pensée, on
aura ajouté à son bonheur. La mémoire d'un
passé qui n'est plus, est ordinairement triste et
douloureuse. Nous n'établissons pas un calcul
impartial entre ce que nous avions et n'avons
plus, et ce que nous avons. Nous exagérons
presque toujours l'importance de ce qui est
perdu et irrévocable, parce que nous l'avons
irrévocablement perdu; tandis que nous avons
une disposition naturelle à déprécier la valeur
de la possession présente. Au total, la règle la
plus sûre, c'est de reporter le moins possible
notre attention vers les scènes et les événemens du passé. Chacun peut à cet égard se faire
à lui-même certaines exceptions. Il est des pensées de jouissances passées qui laissent après
elles des impressions agréables, bien qu'on les

sache irrévocables; de même, nous nous rappe-
lons quelquefois avec bonheur les événemens
douloureux auxquels nous avons échappé. Il est
une classe de réminiscences qui n'ont rien que de
pernicieux; ce sont les vains regrets, qui consistent à rêver à ce qui aurait pu être, si ce qui
a été n'avait pas été.

Il n'est point de regrets qui puissent changer
le passé; et à moins de les rendre profitables
pour l'avenir, la prudence exige que nous les
bannissions de la pensée. Il y a une vérité philosophique d'une grande profondeur dans ce passage de Shakespeare :

All regrets are vain, and those most vain
Which, by pain purchased, do inherit pain.

Tous les regrets sont vains. Pourquoi, dans nos malheurs,
Acheter à ce prix de nouvelles douleurs?

Les événemens passés, en général, et spécialement ceux qui ont été, dans le temps, d'une
nature pénible, se frayeront ou s'efforceront de
se frayer un chemin dans la mémoire; et cela
en proportion de leur importance, et surtout
de leur intensité. Il n'est point au pouvoir de
l'homme d'en détourner la vue et de les bannir
totalement de sa mémoire. L'attention, quelque

forte qu'elle soit; le désir, quelque intense qu'il puisse être, ne réussiront pas à empêcher le retour des souvenirs déplaisans et douloureux. En général la volonté n'a pas assez de puissance sur la pensée pour chasser de tels souvenirs.

L'exercice néanmoins peut fortifier et perfectionner cette faculté comme toutes les autres.

En effet, on a vu la pensée s'accoutumer non seulement à ensevelir dans l'oubli des douleurs passées, mais encore à neutraliser l'intensité de la souffrance présente; on a vu des hommes qui, au moment même où ils subissaient les plus cruels tourmens, ont eu la puissance de détacher leur attention de la sensation présente, de manière à affaiblir considérablement ses effets douloureux. Comparée à la force d'attention capable de produire de tels effets, celle qui nous est nécessaire pour écarter de notre vue la masse d'incidens désagréables qui se présentent d'ordinaire à la mémoire, n'est, on s'en convaincra, que très peu considérable.

On pourrait croire que le pouvoir de gouverner la pensée présuppose l'absence d'autres excitations fortes; cependant, si cette faculté peut s'exercer en dépit d'effroyables tortures, si l'on a vu quelquefois le calme et même la joie briller au sein de la souffrance, quelle influence une détermination forte ne peut-elle pas produire sur la pensée? Quand une ou plusieurs idées occupent l'esprit, la volonté peut avoir la puissance de les y conserver, mais elle ne peut les en chasser. L'esprit ne se vide pas à volonté; il peut se maintenir plein; il ne saurait se maintenir à l'état de vide; pour se débarrasser d'une idée, il ne peut que s'en détourner, et en appeler d'autres. Quand ces idées ainsi repoussées sont les argumens de la partie adverse dans une opinion controversée, c'est ce qui constitue la déception volontaire, par laquelle nous admettons les raisonnemens d'un côté de la question, et repoussons ceux de l'autre. De cette manière, il n'est pas de proposition absurde qu'on ne puisse arriver à regarder comme vraie; pas de proposition raisonnable qui ne puisse être rejetée. Les instrumens de cette affligeante déception sont la crainte et l'espérance; mais c'est surtout la crainte, la plus forte de ces deux passions, qui exerce sur notre esprit ce pouvoir despotique.

La question de l'empire qu'un homme exerce sur lui-même comprend la question de liberté et de nécessité; et un examen attentif du sujet démontrera peut-être que les deux principes coexistent dans l'esprit humain. La liberté, ou son équivalent, le sentiment de la liberté, existe sans doute et incontestablement; mais elle n'exclut pas l'existence de la nécessité. C'est seulement en vertu du pouvoir, de l'autorité, de l'empire que j'exerce sur mes propres pensées, et dont je sens à chaque instant en moi la possession, que j'écris ou que je dicte ces pages. Mais quelle est la cause qui m'a fait entreprendre ce travail ? ce ne sont pas ces mêmes pensées; c'est quelque autre pensée qui était antérieurement dans mon esprit, sans que je fisse rien pour l'y amener ou pour l'y maintenir.

Parmi les pensées pénibles qui font effort pour pénétrer dans notre esprit, tâchez surtout d'exclure le souvenir ou la prévision de maux irrémédiables. Pensez le moins possible aux maux auxquels vous ne pouvez appliquer vous-même, ou ne pouvez aider les autres à appliquer le moindre remède ; car plus vous y penserez, plus vous les aggraverez. A cette classe appartiennent tous les maux passés. Ils sont passés, et rien ne peut faire qu'ils n'aient pas existé; vous ne pouvez, quelque désir que vous en ayez, empêcher que ce qui est arrivé ne soit arrivé. Si c'est un mal que vous eussiez pu prévenir en agissant différemment, dans ce cas la prudence exige que votre pensée s'y arrête assez long-temps pour empêcher le retour des actes qui l'ont amené. Si vous avez éprouvé une perte en argent, en pouvoir ou en tout autre objet de désir ou de jouissance, et que ce soit la faute de votre imprudence ou de votre imprévoyance, rappelez cette perte à votre esprit suffisamment pour empêcher la répétition de l'erreur de calcul que vous avez commise. Mais si ce mal n'a été le résultat d'aucune erreur de votre part, n'y revenez plus; oubliez-le aussitôt que vous le pourrez; vous ne feriez que vous donner inutilement des émotions pénibles, et ce serait le moyen de les aggraver encore. Rappelez-vous toujours que les plaisirs et les peines composent, après tout, le capital du bien et du mal en ce monde, la semence d'où doit sortir le bien-être futur. Cette semence précieuse, en tant qu'il dépend de nous, ne doit point être jetée sur un sol inapte à la production du bien. Une peine productive d'un plaisir futur peut être un instrument tout aussi précieux qu'un plaisir productif d'autres plaisirs. Si d'une peine première doit naître un excédant de plaisir supérieur à celui que produirait un plaisir premier, cette peine première a, dans le calcul du bonheur, une valeur plus grande que le plaisir premier.

Là est la règle véritable, la vraie arithmétique de la morale.

En résumé, si le souvenir d'un plaisir passé nous donne plus de jouissances que la connaissance que ce plaisir est passé ne nous cause de peines, il est sage et prudent de le rappeler à la mémoire. Si, à des événemens originairement pénibles, la satisfaction d'y avoir échappé, le contraste entre le bien-être actuel et la souffrance passée, attachent un excédant de jouissance supérieur à celui que donnerait l'oubli absolu, l'utilité nous recommande d'en évoquer le souvenir. Les esprits sont si diversement constitués, qu'il n'est pas possible de donner à cet égard une règle applicable aux cas particuliers. Il en est, par exemple, à qui le souvenir des morts qu'ils ont aimés et honorés, n'apporte que des impressions pénibles, et quelquefois même la douleur la plus vive. Ils ne pensent qu'à la privation de bonheur, causée par la perte de ceux qu'ils ont aimés. Pour d'autres, au contraire, il n'est point de source d'émotions agréables, plus douce, plus pure, plus durable, que le souvenir des êtres qui ne sont plus. La pensée de ceux-là s'arrête moins sur ce que leur absence a fait perdre, que sur le bonheur qu'a valu leur présence. Heureusement que la ré-

flexion et le temps travaillent de concert à appuyer les leçons de la prudence.

La douleur qui gémit sur la cendre des morts
s'apaise par le sentiment de son inutilité; l'esprit s'arrache insensiblement aux vanités d'une
inutile affliction; et le regret, après s'être épuisé
en lamentations vaines, finit par céder aux influences plus rationnelles que recommandait depuis long-temps l'utilité.

Les reproches que nous nous faisons à nous-
mêmes, la prudence peut jusqu'à un certain
point les approuver; mais lorsqu'ils n'ont point
en vue l'avenir, ils ne font que déposer dans
l'esprit une certaine somme de malheur qu'il
eût mieux valu, sous tous les rapports, en tenir
éloignée. Les reproches dont les autres sont l'objet, lorsqu'ils ne peuvent d'ailleurs produire
aucun bien, les reproches concentrés dans notre
pensée intime, constituent de l'imprudence
toute pure. C'est pour nous une peine, et les
autres n'en retirent aucun fruit. C'est un premier pas vers des paroles malveillantes, des actes
malveillans. Nul doute qu'il n'y ait des cas où
la manifestation du déplaisir par des paroles ou
par des actes, où les reproches et la portion de
châtiment qui s'y rattache, ne soient approuvés tout à la fois et par la prudence et par la

vertu. Mais quand il n'en saurait être ainsi, quand
le reproche n'est point destiné à se produire par
des actes, dès lors ce n'est qu'une peine introduite dans l'esprit de l'individu : il fera bien et
sagement de ne point lui donner accès.

Que la pensée ne s'attache point à des maux
inévitables. Si elle peut les écarter, et qu'elle en
ait arrêté les moyens, qu'elle ne s'en occupe
plus. Il est des hommes qui sacrifient et leur
temps et leur tranquillité à imaginer des maux
possibles, des maux qui ne leur surviendront
jamais, et à qui, s'ils arrivent, toutes les anxiétés
qui auront précédé leur venue ne feront rien
perdre de leur rigueur. Ces hommes n'auront
fait qu'ajouter aux peines de la souffrance les
peines de l'anticipation. Ici, on pense bien que
nous ne voulons pas parler des peines attachées
à la conduite soit prudentielle, soit impruden-
tielle : c'est à penser à celles-ci que consiste la
prudence personnelle que nous enseignons.
Mais tourmenter son esprit de maux imaginaires ; se figurer, par la pensée, les tortures
de la pierre, l'affliction de la cécité, la privation de l'un de nos sens, c'est là une occupation
tout à la fois inutile et funeste. Nous voyons
dans le docteur Johnson l'exemple d'un homme
rendu fréquemment malheureux par la crainte

de devenir fou, crainte portée au point de réaliser presque le malheur même qu'il redoutait, et qui, tout en paralysant une partie de ses moyens d'utilité sociale, affectait gravement le bonheur de son existence.

Dans la recherche des pensées agréables, quel vaste champ s'ouvre à l'investigateur! Le monde est tout entier devant lui, et non seulement ce globe qu'il habite, mais tous ces mondes innombrables qui roulent dans les champs infinis de l'espace, ou dans les hauteurs et les profondeurs illimitées de l'imagination. Le passé, le présent, l'avenir, tout ce qu'il y a de grand, de bon, de beau, d'harmonieux, tout ce qui l'a été, l'est, ou le sera. Pourquoi l'imagination n'évoquerait-t-elle pas en sa présence les hautes intelligences des jours qui ne sont plus? Pourquoi n'entretiendrait-elle pas ces morts illustres des objets dont ils eussent aimé à discourir, si leur existence eût été prolongée jusqu'à nous? Choisissez telle partie que vous voudrez du domaine de la science, dans son état de culture actuelle, et appelez-y les sages des anciens temps; placez Milton avec sa haute et sublime philantropie, au sein des événemens qui amènent de toutes parts l'émancipation des peuples; imaginez Galilée conversant avec Laplace; faites entrer Bacon, soit le moine, soit le chancelier, soit tous deux, dans le laboratoire de l'un de nos grands chimistes modernes, et qu'ils apprennent les développemens merveilleux jaillis de l'application de cette grande loi philosophique : « l'expérience ». C'est ainsi que chaque homme, suivant ses inclinations favorites, possède en lui-même un instrument de bonheur qu'il peut perfectionner, que l'usage ne fera que fortifier, et que l'exercice rendra de plus en plus utile. Toutes les combinaisons de l'intelligence avec la matière, les théories audacieuses du génie, le vol de la pensée à travers l'éternité, qui peut empêcher ces exercices de la volonté créatrice de l'esprit humain? Combien sont intéressans ces rêves de l'imagination qui nous transportent au-delà des régions terrestres dans une sphère plus intellectuelle et plus élevée! Là vivent des créatures que la pensée se plaît à douer de facultés plus expansives, de sens plus parfaits que l'observation n'en a jamais offerts aux regards de la science humaine. Combien même sont attrayantes et instructives quelques unes des utopies d'une philosophie poétique et bienveillante! Réglée et contrôlée par le principe utilitaire, l'imagination devient une source d'innombrables jouissances.

Quoique les facultés de l'imagination et de la pensée se résolvent en plaisirs corporels et leur soient subordonnées, la carrière dans laquelle elles s'étendent est beaucoup plus vaste que toute autre, et l'espace ouvert à l'exercice de la contemplation, plus varié et plus sublime. De même que la nuit grossit les objets, que l'obscurité grandit toutes choses, de même l'imagination, dans ses conceptions vagues, dépasse de bien loin les calculs de la réalité. Quand Milton dit en parlant de Satan :

To this hour,
Had still been falling,

Il tombe ; et maintenant il tomberait encore,

il nous donne de sa chute une idée beaucoup plus grande que s'il eût établi d'une manière positive le nombre des milliards de lieues parcourues par Satan depuis le moment où sa chute a commencé jusqu'au moment actuel. Une évaluation exacte exprimée par des nombres, aurait fait sur l'imagination une impression beaucoup moins forte. C'est cette disposition à grandir tout ce qui est inconnu qui fait le charme principal des voyages de découvertes. Une certitude prévue ne peut donner le plaisir de la surprise. La valeur des plaisirs de la pensée n'est donc point d'une nature distincte et opposée à celle des plaisirs corporels; bien loin de là, les premiers n'ont de valeur qu'en ce qu'ils offrent une image vague, et par conséquent exagérée, des jouissances qu'attendent les derniers. Mais pour qu'il y ait exactitude dans l'estimation des uns et des autres, le principe de l'utilité doit être appliqué. C'est l'absence ou la présence de l'utilité qui établit toute la différence qu'il y a entre l'arrangement des épingles sur la pelote d'une petite fille, et l'arrangement des étoiles sur la sphère céleste d'un savant.

Dans tous ces cas, dans tous ceux où la puissance de la volonté peut s'exercer sur la pensée, que cette pensée soit dirigée vers le bonheur. Voyez les choses par leur côté brillant, sous leur plus belle face; ne les envisagez que sous ce point de vue. S'il est des exceptions à cet égard, elles sont peu nombreuses, et ne s'appuient que sur cette considération, qu'en voyant les choses sous un jour moins favorable, on se prépare pour résultat définitif, une plus grande somme de bonheur; comme, par exemple, lorsque l'estimation exagérée d'une difficulté ou d'un danger nous oblige à mettre en action une plus grande somme d'efforts, à l'effet de

nous délivrer d'un inconvénient actuel. Cependant, quand l'esprit se reporte sur lui-même avec
complaisance; qu'il regarde autour de lui pour
trouver des alimens à la pensée; quand il se re-
pose d'occupations pénibles, ou est condamné à
l'inaction par des circonstances impérieuses, que
toutes les idées soient puisées dans la région
des plaisirs, en tant que la volonté peut influer
sur leur production.

Une grande partie de l'existence se passe nécessairement dans l'inaction; et pour choisir un
exemple entre mille qui se présentent sans cesse,
et se reproduisent constamment, le jour, lorsque
nous allons voir quelqu'un et que le temps se
perd à attendre; la nuit, quand le sommeil se
refuse à clore nos paupières, l'économie du
bonheur exige que nous nous occupions de
pensées agréables. En sortant ou en demeurant
au logis, l'esprit ne peut rester inoccupé; les
pensées peuvent être utiles, inutiles, ou nuisibles au bonheur. Donnez-leur une direction
convenable; l'habitude des pensées attrayantes
naîtra comme toute autre habitude.

Que l'esprit, pour s'occuper, s'applique à
résoudre des questions auxquelles se rattache
une vaste somme de bonheur ou de malheur.
Par exemple, les machines qui abrègent le

travail, par les perfectionnemens mêmes et l'é-
conomie qu'elles apportent, produisent nécessairement une certaine quantité de souffrance :
c'est là un sujet qui peut convenablement occuper la pensée bienveillante. On dit que Sully,
pour donner aux pauvres un soulagement immédiat, les occupait à élever des buttes de
terre dans son jardin. D'autres ont proposé de
faire creuser des fossés et de les combler ensuite,
comme moyen d'occupation quand les travaux
ordinaires viennent à manquer. Quelle vaste
carrière de réflexions généreuses, que de chercher les moyens d'ajouter à la masse de la richesse et du bonheur public, l'accroissement
qui résulte évidemment de tous les perfectionnemens véritables, au prix de la moindre somme
de peine possible ; d'acheter le bien permanent
au prix de la somme d'inconvéniens la plus
faible et la moins durable ; de faire en sorte
que les avantages qui doivent être répartis sur
le grand nombre froissent le moins possible
les intérêts du petit nombre ! Peut-être lorsque,
par les soins de la prudence éclairée et bienveillante, le malheur inévitable aura été réduit
à la plus petite somme possible, la transition
s'effectuera presque toujours sans provoquer
contre ses auteurs les périls et les violences

dont ils n'ont que trop souvent été l'objet; sans alarmer les intérêts de ceux dont leur introduction déplace temporairement le travail.

Chercher à indiquer les projets de bienveillance dont l'esprit peut s'occuper, ce serait s'imposer une tâche illimitée; mais que chacun passe en revue les différentes sortes de maux qui affligent l'humanité, afin de trouver les moyens de les éloigner ou de les soulager; qu'il examine quelles occupations on pourrait trouver pour les aveugles, les sourds-muets; pour ceux qui sont privés d'une main, ou des deux mains; quels sont les plaisirs qu'on pourrait inventer pour ces infortunés; comment, avec la moindre quantité de peine infligée au coupable, on arriverait à produire l'effet le plus salutaire sur la société; et beaucoup d'autres questions encore qui se présenteront facilement à la pensée de chacun.

Les pensées qui ont pour objet des conséquences futures constituent l'attente ou l'expectation, et c'est d'elles que dépend une grande partie du bonheur de l'homme.

Si nous attendons un plaisir, et que ce plaisir ne soit pas produit, l'attente est remplacée par une peine positive. Pour désigner cette peine, la langue française n'a guère qu'un mot composé, celui de peine d'attente trompée : l'anglais en a un plus énergique, celui de peine du désappointement.

Et cette peine est si importante dans le domaine de l'existence humaine, son influence est telle sur la somme totale du bonheur, qu'elle constitue en grande partie la base sur laquelle la loi civile est fondée. C'est à exclure le désappointement que cette partie de la législation est destinée. Pourquoi donnez-vous au propriétaire ce qui lui appartient, au lieu de le donner à un autre ? Parce que, le donnant à tout autre qu'au propriétaire, vous produiriez la peine du désappointement.

Swift a exprimé la nécessité d'exclure cette source spéciale de peine avec toute l'énergie d'un axiome, ou plutôt il l'a classée parmi les béatitudes. « Bienheureux, dit-il, l'homme qui « n'attend rien, parce qu'il ne sera pas désap- « pointé. »

De là la haute importance de nous faire une estimation exacte de ce que nous pouvons attendre des hommes en général, dans tous les cas où leur conduite peut influer sur notre bien-être.

« Si nous voulons aimer les hommes, » dit Helvétius dans un passage que nous avons déjà cité, « nous devons peu attendre d'eux. » Il au-

rait pu ajouter : « Si nous nous aimons nous-
« mêmes. » Moins nous nous attendrons à ce
que les autres sacrifient leurs plaisirs aux nôtres,
moins nous serons exposés au désappointement, et moindre en sera la somme. Et si les
autres nous font effectivement de tels sacrifices, notre satisfaction en sera plus vive et
plus intense. Quelque plaisir que nous donne le
sacrifice fait ou le service rendu, ce plaisir sera
relevé par celui de la surprise, et la peine du
désappointement remplacée par un plaisir inattendu.

Or, bien que dans toutes les parties du domaine de la morale il soit de la plus haute importance de ne jamais perdre de vue ce fait
fondamental, que le sentiment social doit iné-
vitablement se subordonner au sentiment personnel; c'est ici surtout que cette nécessité est
plus impérieuse et plus évidente. Celui-là réus-
sira le mieux à se préserver des peines du désappointement, qui se fera une idée juste et complète de la nécessité de cette prépondérance qu'en
vertu de la loi inaltérable de notre nature, la
force de l'affection personnelle doit conserver
sur celle de l'affection sociale ou sympathique.
C'est de cette source que naissent les droits de
la propriété, quels qu'ils soient; et en effet,

tout le mécanisme social n'est que la reconnaissance de la vérité de ce principe.

Nous sommes ainsi naturellement amenés à
rechercher les moyens les plus propres à donner
à l'esprit la puissance de maîtriser ses propres
pensées. S'il a la faculté de bannir les pensées
de peines, et d'introduire des pensées de plaisir,
comment exercer cette faculté de la manière la
plus efficace?

Le moyen consiste évidemment à distraire
l'esprit des pensées pénibles et des objets qui
leur sont associés, et à l'occuper de pensées de
plaisir et des objets les plus propres à en réveiller
de semblables. Il est vrai que l'expulsion des
unes et l'introduction des autres se tiennent de
très près; car, à moins d'avoir une pensée de
plaisir toute prête à remplacer la pensée de peine
qu'on a réussi à chasser, on aura fait bien peu
pour le bonheur. Il ne suffit pas d'essayer d'expulser de l'esprit une pensée désagréable; l'esprit ne restera pas vacant pour cela. La pensée
expulsée sera immédiatement remplacée par une
autre, et la balance de bonheur se trouvera
entre les efforts de la pensée qui entre et ceux
de la pensée qui sort.

En plusieurs cas, comme lorsque les objets
qui nous sont désagréables appartiennent à la

classe des objets matériels, nous pouvons employer des moyens directs : nous pouvons éloigner l'objet lui-même ou nous éloigner de lui. Quand la fatale pomme fut présentée à Ève, Ève pouvait lui tourner le dos ou la donner au premier quadrupède frugivore qu'elle eût rencontré sur son passage.

Mais il n'en est pas de même des impressions qui ne proviennent pas directement des objets physiques, des idées fournies par la mémoire et l'imagination. On ne peut s'en délivrer par des moyens directs. L'homme n'a qu'une manière de s'en affranchir, et c'est une manière indirecte. Il faut qu'il détache sa pensée de l'idée qu'il désire chasser, et qu'il la fixe sur quelque idée d'une nature différente. Tant qu'il ne pourra point arriver là, il n'atteindra pas le but qu'il se propose; car la continuation de l'effort qu'il fait pour se délivrer de l'idée importune ne fera, tant qu'il n'aura pas réussi à saisir quelque autre objet qui la remplace, que tenir l'idée importune constamment présente et en relief.

Ainsi, pour tenir éloignée une idée importune, l'attention ne doit pas se porter sur l'idée elle-même, ce serait au contraire le moyen de la fixer plus solidement dans la pensée. Tâchez de saisir quelque idée qui vous intéresse, et servez-vous-en comme d'un instrument pour repousser l'autre. Si vous ne pouvez réussir à la fixer dans votre esprit, et qu'il ne se présente à vous aucune autre idée agréable, prenez la première venue, fût-elle même affligeante, pourvu qu'elle le soit moins que celle dont vous voulez vous affranchir. Le remède appliqué dans ce cas a de l'analogie avec le vésicatoire; c'est une peine moins intense et moins durable, au prix de laquelle on guérit une peine plus durable et plus intense.

Par exemple, vous devenez l'objet de la colère d'une personne à laquelle vous êtes fortement attaché par les liens de l'affection et du sang. Vous cherchez dans le tumulte des affaires un adoucissement à votre douleur. Si votre chagrin est profond, il peut arriver que vos affaires, lors même qu'elles seraient accompagnées d'insuccès et de contrariétés, y apportent quelque diminution. Elles peuvent même vous placer en collision avec d'autres individus; et partant, en occupant votre attention, vous distraire de la douleur plus grande à laquelle vous désirez échapper.

Mais, dans ce cas, il faut que l'occupation qui constitue le remède auquel vous avez recours exige de vous une attention continuelle, une

attention assez long-temps soutenue pour permettre à la violence de votre douleur de se calmer ; car si l'occupation est bientôt terminée,
et que vous vous retrouviez oisif et exposé à l'influence de vos premiers sentimens , votre but ne
pourra être atteint. C'est ainsi que si, pour vous
distraire de la perte d'un ami, vous prenez un
livre, surtout si ce livre est frivole , votre attention sera si faiblement sollicitée, qu'elle refusera
de vous obéir; et au lieu des idées que ce livre
présente, la pensée douloureuse viendra prendre
leur place, et se reproduira à chaque page, à
chaque ligne. Il n'est pas hors de propos ici de
rappeler le grand avantage qu'offre sur une vie
oisive une vie active et occupée; combien
l'homme apte et exercé à une multitude d'occupations est mieux partagé que celui dont l'aptitude est plus limitée; et la différence qu'il y a
sous ce rapport entre un esprit éclairé et instruit,
et un esprit que le défaut de culture a laissé vide
et stérile. C'est en général pour les personnes
peu aisées ou sans éducation, ou n'en ayant que
fort peu, que les malheurs domestiques sont
plus douloureux et plus irréparables.

Il n'est presque personne qui ne puisse chaque
jour consacrer au libre exercice de la pensée,
beaucoup de temps inoccupé ou mal occupé.

Indépendamment des occupations dont l'existence et ses jouissances dépendent, indépendamment des amusemens nécessaires à la santé, des heures consacrées au sommeil ou aux repas, tous les hommes peuvent disposer d'une certaine portion de temps qu'ils peuvent employer au libre exercice de la pensée, en lui donnant une direction morale, ou, en d'autres termes, une direction d'utilité et de bonheur. La nuit, le jour, le matin, le soir, ont des intervalles qui peuvent être employés dans un but salutaire. Quelque temps s'écoule entre le moment où nous nous couchons, et celui où le sommeil vient fermer nos paupières. Le sommeil lui-même n'est pas continu; ses interruptions laissent du temps à la réflexion. Et puis, la locomotion occupe une portion considérable de la vie d'un homme : combien de temps employé à se promener, à se transporter d'un lieu à un autre, combien perdu à attendre ! Que de milliers d'interruptions viennent nous détourner de nos plaisirs ou de nos affaires ! Tous ces momens sont précieux. En outre, parmi les occupations des hommes, combien consistent en travaux manuels et mécaniques, qui laissent la pensée libre d'errer où il lui plaît ! Celui qui a appris à régler ses pensées ne manquera jamais de temps pour les exercer.

Dans la multitude des momens dont se compose l'existence, comme dans la multiplicité des objets qui réclament notre attention, la réflexion prudentielle et bienveillante saura toujours trouver du temps et des sujets.

Il ne sera peut-être pas inutile de dire un mot de quelques-uns de ces sujets; mais le champ est illimité, et chacun peut y trouver des objets d'intérêts particuliers. Tous les hommes peuvent occuper leurs pensées à chercher les moyens de prévenir tel ou tel mal, à former des projets de gain ou de plaisir; si aucun projet de cette nature ne s'offre à eux, les espérances peuvent prendre leur place; à défaut d'espérance, l'imagination présente ses illusions; l'imagination que n'arrête point l'improbabilité ou l'impossibilité de la réalisation de ses rêves, dont les souvenirs individuels augmentent la vivacité et le charme.

Chacun doit conformer les habitudes de sa pensée aux circonstances dans la sphère desquelles il se meut. Si sa pensée est occupée à chercher contre le mal des moyens de sécurité, et qu'il n'ait aucun mal particulier à craindre, aucun dont il lui soit possible de se défendre, aucun auquel il n'ait opposé des précautions suffisantes, il fera bien de détourner sa pensée de sujets d'une nature si peu agréable. Et lors même que des maux le menaceraient, son attention ne devrait pas pour cela être continuellement dirigée vers les moyens de les prévenir; il doit, à cet égard, se donner du répit : autrement ses efforts pour se prémunir contre une souffrance future, auraient pour effet certain de lui rendre cette souffrance perpétuellement présente.

Dans tous les cas, la pensée doit se porter autant que possible sur les moyens de prévention; sur les maux eux-mêmes, le moins possible, et autant seulement que le demande la nécessité de combiner ces moyens. Les pensées qui s'occupent des moyens d'alléger les souffrances d'autrui n'appartiennent pas à cette partie du sujet, et ne sont pour autrui d'aucune importance, si ce n'est lorsqu'elles conduisent à des actes.

Les projets ont un avantage sur les créations de l'imagination. Les projets promettent d'ajouter au bien actuel un bien à venir. L'intérêt et l'excitation qu'ils créent sont plus durables que les espérances et les fictions imaginaires; ils ont plus de chances de se développer, d'être fécondés, de produire des projets ultérieurs, qui à leur tour en produisent d'autres, et ainsi successivement.

Mais dans l'absence de plans et de projets, l'espérance et l'imagination arrivent avec leur influence, mère des plaisirs. Bien que l'imagination doive agir sur les élémens fournis par le souvenir, cependant l'imagination et le souvenir ne sont pas une même chose. Il peut y avoir souvenir sans que l'imagination y soit pour rien. L'imagination peut agir sans souvenir distinct des objets individuels qui ont fourni à l'imagination la matière de son travail.

Point de situation dont l'imagination ne trouve moyen de tirer des plaisirs. Rien de si pénible qu'elle ne le couvre de ses illusions, source de jouissances. Quand un homme est malade, l'illusion qui lui peindra l'absence de sa maladie sera pour lui un plaisir ; et cependant ce sera l'œuvre seule de l'imagination, que n'accompagnera pas l'attente ni même l'espérance ; mais, dans ce cas, le patient doit s'efforcer d'éloigner autant qu'il le peut de sa pensée l'impossibilité d'un soulagement ; il doit la reporter tout entière sur le souvenir de son premier état, sur les jouissances qu'il lui a procurées antérieurement à sa maladie, et chasser loin de lui l'idée que le retour de cet état de choses est impossible.

Il n'est pas rare que la réflexion nous procure cette situation d'esprit. Les plaisirs du passé, les

jeux de l'enfance et de l'adolescence, les joies
de la pelouse, le soleil des premiers beaux jours,
qui ne s'est plu souvent à y penser et à en parler, sans que la pensée que ces plaisirs sont perdus sans retour ôtât rien à ces souvenirs de leur
intérêt et de leur charme?

La difficulté de bannir de l'esprit une pensée
est en raison de la quantité de peine qu'elle
amène avec elle. En tout cas, la nécessité de s'en
délivrer sera en raison de son intensité et de sa
durée. De toutes ces pensées pénibles, les plus
pénibles souvent sont celles que nous cause la
perte de nos amis. Dans les premiers momens
d'une douleur, la faculté d'introduire dans l'esprit des pensées d'un caractère entièrement différent peut difficilement s'exercer. La sagesse
alors consiste à modifier la pensée pénible par
des associations naturelles et faciles que la présence de la mort elle-même fournit en abon-
dance, et dont il n'est pas de mort individuelle
qui n'offre des élémens particuliers et personnels; car il n'est pas de douleur à laquelle, de
manière ou d'autre, ne s'associe l'idée d'un plaisir, et l'existence même de la douleur implique
contraste avec l'absence de la douleur. Les peines
de la douleur et de l'affliction sont en grande
partie produites par la privation de quelque

bien autrefois possédé ou espéré, et ne peuvent s'offrir à la pensée sans réveiller l'idée de plaisirs goûtés ou attendus ; l'idée de la perte de ces plaisirs ne détruit pas nécessairement, et en toute occasion, le souvenir de cette jouissance et de cette attente.

C'est ainsi que la mémoire des morts peut s'embellir de réflexions touchantes et pleines de charme, de manière à faire de la mort même une source de bonheur ; et il y a autant de vraie philosophie que de tendresse dans cette pensée, que moins de bonheur s'attache aux jouissances des vivans qu'au souvenir des morts que nous avons aimés.

Quant à la direction à donner au discours, lorsque le bonheur d'autrui n'en est pas affecté, nous avons peu de chose à en dire. Les conversations inopportunes et imprudentes qui peuvent nous attirer le ressentiment d'autrui, appartiennent à une autre branche de nos investigations. Quant aux discours qui n'exercent aucune influence sur la conduite des autres à notre égard, mais qui ne laissent après eux un résultat de peine, que par la réflexion qu'ils ont dû nous faire perdre dans leur opinion ; quant aux discours qui, soit par cette cause, soit par toute autre, nous laissent des regrets ; en sorte que,

lorsque nous calculons le plaisir que nous avons
eu à les tenir, et les peines que nous ont valu
les réflexions ultérieures, nous trouvons que
nous avons perdu quelque chose de notre bonheur personnel; un caractère d'imprudence s'y
attache, nous devons donc les éviter. Par contre,
les discours qui, donnant du plaisir à celui qui
les tient, n'ont rien de déplaisant pour celui
qui les écoute, laissent une somme de profit
égale au plaisir qu'ils excitent. Mais c'est un
terrain périlleux, car il peut se faire que l'auditeur éprouve du mécontentement sans le manifester, par suite d'un calcul de prudence qui
lui fait désirer d'éviter l'apparence de la contradiction et l'expression du déplaisir. La seule
règle à donner pour estimer l'effet de notre
conduite en cette circonstance, c'est d'inter-
vertir les rôles entre nous et la personne à
laquelle nous parlons; c'est d'appliquer la loi
qui ordonne de faire à autrui ce que nous dé-
sirerions qui nous fût fait; loi précieuse et
importante, quand on la subordonne au principe
de la maximisation du bonheur, mais inapplicable en beaucoup d'occasions, et spécialement
lorsque l'infliction d'une peine est nécessaire à
l'accomplissement de la tâche du moraliste et du
législateur; car il est évident que si l'on admet-

tait le délinquant, que le châtiment doit atteindre, à réclamer le bénéfice de la loi en question, il se soustrairait à toute punition quelconque, nul ne s'infligeant volontairement une souffrance.

On peut trouver une source de jouissances à prononcer des paroles que personne n'entend; à réciter, à se parler à soi-même, à composer de vive voix, à lire seul, et lorsque personne n'est là pour nous écouter; car si en remplaçant des pensées pénibles par d'autres qui le sont moins, nous ne réussissons pas toujours à éloigner la douleur, l'instrument du langage peut quelquefois, dans ce cas, nous servir d'utile auxiliaire; et souvent il arrive que lorsque notre esprit ne nous fournit pas les idées de plaisirs nécessaires pour effacer les impressions de peine, nous pouvons trouver ces idées dans les livres, et les intonations de la voix augmenteront encore pour nous l'influence de cette lecture. Il est difficile qu'à l'esprit imbu de littérature et de philosophie, il ne se présente pas quelque pensée propre à calmer la douleur ou à éveiller la joie, revêtue du style attrayant de quelque auteur favori, et la voix humaine en lui prêtant son expression touchante, peut ajouter beaucoup à sa puissance. La poésie nous offre dans ces

occasions ses bienfaisans secours; et quand le
rhythme s'allie à la pensée, la vérité à l'harmonie, la bienveillance à l'éloquence, cet heureux concours ne peut manquer d'exercer une
influence salutaire.

Dans la direction de la conduite en général,
se présentent naturellement les deux divisions
fondamentales de l'abstinence et de l'action,
qui elles-mêmes se subdivisent en corporelles,
intellectuelles et neutres. Bien qu'on puisse
établir quelques principes généraux, soit positifs, soit négatifs, cependant la solution de toutes
les questions de souffrance et de jouissance
dépend beaucoup de la constitution particulière
de l'individu; car quelle que soit l'impression
produite par un plaisir, de ce qu'un homme
n'en éprouve pas le goût, il n'a pas pour cela
le droit de conclure que son voisin ne l'éprouve
pas non plus; et encore moins a-t-il le droit
d'interdire à autrui une jouissance sous prétexte que ce n'est pas une jouissance pour lui.
Chacun est le meilleur juge de la valeur de ses
plaisirs et de ses peines. Point de description ou
de sympathie qui équivale à leur réalité. Jamais
la sympathie pour les souffrances d'un ami livré
aux mains du dentiste, n'a fait éprouver la douleur d'une dent arrachée. Lors même qu'il en

serait autrement, la faculté sympathique n'est rien si elle n'agit sur l'individu lui-même : vérité banale qui équivaut à dire qu'un homme ne peut sentir que ce qu'il sent. Se dépouiller de son individualité, oublier l'intérêt personnel, faire des sacrifices désintéressés, et tout cela en vue du devoir ; ce sont là des phrases qui sonnent haut, et qui, à dire vrai, sont aussi absurdes que sonores. La préférence donnée au moi individuel est universelle et nécessaire. Si le despotisme de la destinée est quelque part, il est là. Quand l'intérêt est sacrifié, c'est le moi sous une forme qui est sacrifié au moi sous une autre forme ; et un homme ne peut pas plus abdiquer le soin de son propre bonheur, c'est-à-dire de son bonheur actuel, qu'il ne peut se dépouiller de sa peau. Et quand même il le pourrait, pour quelle raison le ferait-il ? Comment le bonheur de tous aurait-il pu être plus complétement assuré, que par cette loi en vertu de laquelle chacun des individus qui font partie du tout, est chargé d'obtenir pour lui-même la plus grande portion de bonheur? Quelle somme de félicité procurée au genre humain pourrait égaler celle dont le total se compose de la plus grande portion possible obtenue par chaque individu en particulier? Chaque unité contenant la plus grande quantité

possible de bonheur, il est évident que la réunion
du plus grand nombre de ces unités doit donner,
pour résultat définitif, la plus grande somme
totale de bonheur.

On peut appeler *médicale* une branche considérable de la prudence personnelle d'abstinence ; c'est celle qui punit par des souffrances corporelles futures les jouissances imprudentes actuelles. L'excès des plaisirs sexuels
amène généralement sa punition à sa suite. Si
l'excès est poussé à l'extrême, la punition est
inévitable. Le plaisir de la jouissance aura, dans
la plupart des cas, un caractère corporel ; mais
la peine immédiate ou ultérieure sera ou corporelle ou intellectuelle ; car l'imprudence amène
le châtiment de l'esprit en même temps que du
corps, et le regret ajoute son aiguillon à la souffrance lorsque nous avons le moins la force de
souffrir.

Prenez une nature quelconque d'imprudence,
par exemple l'ivresse provenant de l'excès des
liqueurs spiritueuses. En faisant abstraction de
l'effet produit sur autrui, des maux de l'exemple,
de la perte de la réputation, de la honte attachée
à commettre les imprudences et les fautes qui
accompagnent l'absence temporaire de la raison,
quelle est la somme de plaisir et de peine pour

l'individu lui-même, considéré isolément du
reste des hommes? Au prix d'une certaine quantité de temps et d'argent, il a acheté une certaine quantité d'excitation agréable. A la perte
du temps occupé par la jouissance, ajoutez la
perte du temps et de l'argent sacrifiés par l'ivresse
ou par ses conséquences; ajoutez-y les souffrances du malaise et de l'affaiblissement des
forces; la perte de tout contrôle sur lui-même
par l'encouragement donné à une propension vicieuse; enfin la honte et la douleur inhérentes à
tout acte d'imprudence; et si l'individu n'éprouve
ni douleur, ni honte, une somme de souffrances
plus qu'équivalente à celle-là devra être ajoutée
à la partie extra-personnelle de son budget moral. Ce sont là toutes considérations affectant
l'individu, abstraction faite des peines qu'il est
au pouvoir d'autrui de lui infliger. Le premier
moyen à employer pour se soustraire à l'immoralité, c'est de calculer ses conséquences.

La même épreuve peut s'appliquer aux actes
d'imprudence qu'on peut considérer comme
d'une nature mentale ou mixte; par exemple à
l'irascibilité qui, jusqu'à un certain point, est
attribuable au tempérament, mais à laquelle le
principe de la maximisation du bonheur mettra un frein vigoureux et efficace. Le plaisir que

donne son exercice, le plaisir d'être en colère,
est bien transitoire. La colère excessive s'épuise
bientôt elle-même. Or, les affections irascibles,
en ce qui concerne autrui, sont, de toutes, les
plus contagieuses, et produisent ordinairement
une réaction violente. Contre qui qu'elles soient
dirigées, elles diminuent le plaisir éprouvé à
servir la personne irascible, et, avec la diminution des plaisirs, vient la diminution de la
disposition ou du motif qui porte à obliger.
Mais quel est l'effet produit sur l'individu irascible lui-même, considéré isolément d'autrui?
A quel prix a-t-il acheté le court plaisir de
la colère? Il est sorti de son caractère habituel, il
a affaibli les forces de son jugement ; son empire
sur lui-même est diminué ; il a perdu du temps ;
il a perdu de son influence ; en un mot, il y a
pour lui un excédant considérable de perte.

La prudence personnelle interdit la passion
du *jeu*. La bienveillance ne proclame pas d'une
manière moins péremptoire l'immoralité de ce
plaisir si chèrement acheté. Le tribunal de l'opinion publique l'a flétri et lui a imprimé un ca-
chet de honte suffisant pour mettre à cette passion un frein salutaire ; de son côté, la législation
s'est efforcée, de diverses manières et à différentes
époques, de faire entrer ce vice dans le cercle

de la juridiction pénale. La plume et le pinceau l'ont suivi dans ses conséquences, dans toutes ses ramifications de malheur personnel, domestique et social. Mais il est un point de vue, une considération de simple prudence qui paraît avoir échappé à l'observation, ou qui du moins n'a pas été suffisamment appréciée.

On n'a pas réfléchi jusqu'à présent que tout joueur qui joue à chances égales, joue à son désavantage. Même en supposant égalité d'enjeu, d'habileté et de chance, il perd plus qu'il n'eût pu gagner. Supposons que de chaque côté l'enjeu soit de 1,000 fr.; s'il perd, il perd 1,000 fr.; s'il gagne, il ne gagne que 1,000 fr. Or, 1000 fr. perdus sont plus du côté de la peine, que 1,000 fr. gagnés du côté du plaisir. Un homme est plus en état de se passer d'ajouter 1,000 fr. à ce qu'il avait déjà, qu'il n'est en état de perdre 1,000 fr. sur ce qu'il possède; en sorte que, par le fait, chacun des deux joueurs est sûr de perdre plus que l'autre ne gagnera.

Pour que l'un gagne autant que l'autre perdra, ou, plutôt, pour que l'un ne perde pas plus que ne gagnera l'autre, il faudrait que l'enjeu se composât de sommes qui n'eussent auparavant appartenu ni à l'un ni à l'autre.

L'imprudence se manifeste fréquemment dans

l'excès de la dépense ; et ce sont quelquefois les
affections bienveillantes qui nous font tomber
dans cette faute ; c'est-à-dire, ces mêmes qualités qui occupent une place si large dans le
domaine de la vertu, mais qui, lorsqu'elles
échappent au contrôle de l'intérêt personnel,
deviennent des vices nuisibles. L'imprudence
de cette espèce sera portée à son maximum,
lorsque les erreurs seront de la nature la moins
réparable ; et quoique la quantité d'imprudence
doive être évaluée dans chaque cas particulier,
cependant les règles qui président à la distribution de la dépense peuvent être subordonnées
à quelques considérations générales qu'on fera
bien de ne pas perdre de vue ; comme, par
exemple, lorsque le revenu dépend entièrement
du travail ; dans ce cas, il y a nécessité évidente d'apporter une stricte économie, et de
mettre de côté une portion des produits du
travail, pour parer à ces interruptions inévitables auxquelles les maladies, les accidens ou
la vieillesse soumettent la race humaine tout
entière. Quand le travailleur dont la subsistance
de chaque jour dépend de son travail journalier,
voit ce travail suspendu et qu'il n'a rien éco-
nomisé sur le passé, c'est alors qu'il ressent
bien vivement et bien douloureusement l'impru-

dence qui lui a fait négliger l'habitude d'une stricte économie. Dans la dépense d'un revenu qui n'est pas dû au travail, des considérations d'une autre nature se présentent : sa distribution judicieuse sera facilitée par l'absence des incertitudes et des chances auxquelles est soumis le revenu du travailleur. Les moyens de juger de ce que la prudence interdit ou demande, sont alors plus accessibles; et en même temps, comme l'habitude du travail considéré comme ressource contre le besoin, manque dans ce cas, le travail ne sera point, dans les occurrences ordinaires, envisagé comme ressource. Peut-être la condition la plus heureuse est celle où le revenu n'est dû qu'en partie au travail, dans laquelle le travail a pour but de subvenir non aux besoins de première nécessité, mais à ces jouissances additionnelles, qui augmentent d'une manière si sensible la somme des plaisirs humains. Pour que leur jouissance soit portée au maximum, il faut que leur intensité actuelle n'affecte pas leur durée future, de manière à en diminuer, dans un avenir probable, la somme définitive.

La prudence personnelle offre à l'esprit des moyens multipliés de plaisir positif. Leur étendue dépend des habitudes et des occupations de l'individu, et ils doivent se combiner avec les sources spéciales de jouissances auxquelles l'expérience lui a appris à attacher le plus de valeur. On peut choisir dans cette foule d'amusemens divers auxquels chacun va demander des plaisirs selon ses goûts; amusemens intellectuels ou corporels, stationnaires ou locomotifs, scientifiques ou artistiques; amusemens de recherches dans le passé, de découvertes pour l'avenir. Il en est d'appropriés au sexe, à l'âge, à la position. Chacun doit chercher individuellement ceux qui lui procurent la plus grande somme de satisfaction. Heureusement pour l'humanité, les penchans et les caractères des hommes sont si variés, l'éducation et les circonstances ont jeté parmi eux une telle diversité, que les goûts se répartiront toujours sur un grand nombre d'objets dissemblables. Aux uns, les méditations solitaires, aux autres les investigations sociales, plairont davantage. L'un cherchera l'instruction dans les feuilles des bibliothèques, un autre dans les feuilles des champs. Les uns se complaisent dans l'examen des plus minutieux détails, d'autres s'élèvent à l'intelligence des principes généraux. Et c'est ainsi que successivement le domaine entier de la pensée et de la science est occupé, et qu'on n'a point à craindre l'abandon de quelques spécialités, et l'encombrement des autres.

Lorsqu'on ne se connaît aucune inclination pour une étude particulière, il peut être utile d'observer les occupations et les amusemens des hommes les plus heureux. La liste des amusemens purement intellectuels serait sans fin ; car elle embrasse tous les sujets auxquels peut s'appliquer la pensée humaine. D'abord se présentent tous les jeux où l'habileté peut s'exercer, sans que le hasard y tienne assez de place, pour qu'on éprouve plus de contrariété d'un désappointement inattendu que de satisfaction d'un succès inespéré. Que de jouissances offrent, par exemple, les collections d'objets antiques dans le but d'éclairer le passé, d'aider à l'investigation des faits historiques , et spécialement de répandre la lumière sur des sujets propres à servir à l'instruction de l'avenir; les collections d'histoire naturelle dans le règne animal, minéral et végétal, mais particulièrement dans les deux derniers , qui ne nécessitent l'infliction d'aucune peine, ni le sacrifice de la vie, du bonheur, ou des jouissances d'aucun être animé. La botanique, en outre, nous donne fréquemment l'occasion d'obliger en multipliant les échantillons des plantes.

On peut rattacher à cette étude l'éducation des animaux domestiques, dans le but d'observer leur instinct, leurs habitudes, leurs inclinations, le pouvoir de l'éducation sur eux, leur aptitude à des services auxquels ils n'ont point encore été appliqués; on peut y joindre aussi la culture des belles fleurs, telles que les tulipes, ou les anémones, ou de plantes rares et utiles par leurs vertus culinaires et médicales. On peut également choisir parmi un grand nombre d'amusemens locomotifs, tous également sains et variés. Telles sont la vendange, la chasse aux champignons, et des milliers d'autres amusemens des bois et des campagnes; amusemens non seulement agréables par eux-mêmes, mais encore utiles par leurs conséquences, et quelquefois même lucratifs; car nul ne doit rougir si ses plaisirs, sans être onéreux à personne, lui sont pécuniairement profitables. Puis viennent les arts mécaniques; ces arts qui inventent et modifient les instrumens qui servent directement nos jouissances matérielles, ou indirectement par les secours qu'ils prêtent aux sciences qui perfectionnent ces jouissances. Mais la prudence ne cherchera jamais en vain des moyens de bonheur. Le monde entier se déroule à ses regards, et lui offre à chaque pas de nouveaux instrumens, de nouveaux élémens de plaisirs.

Toutes les vertus, soit de prudence, soit de

bienveillance, appartiennent en effet essentiellement, quoique indirectement, aux régions de
la prudence personnelle; car quelle que soit leur
action sur l'esprit des autres, leur effet sur
l'esprit de celui qui les pratique doit être bienfaisant. Quand nous sommes dans un état de
calme et de bien-être général, nous éprouvons
plus vivement le besoin de faire des actes de
bonté. Il peut arriver, il est vrai, que tous nos
efforts de bienfaisance ne fassent aucun bien à
ceux à qui nous les destinons; mais lorsqu'ils
sont dirigés avec sagesse, ils doivent faire du
bien à la personne dont ils émanent. La bonté et
l'affection peuvent ne rencontrer qu'insensibilité
et ingratitude, mais l'absence de gratitude de la
part de celui qui reçoit, ne détruit pas l'approbation intérieure qui récompense celui qui
donne. Et nous pouvons à si peu de frais répandre autour de nous des semences de bienveillance et de bonté! Il est impossible que
quelques grains ne tombent pas sur un sol favorable : il en naîtra une moisson de bienveillance dans le cœur d'autrui, et elles porteront
des fruits de bonheur dans le cœur qui les a
produites. A chaque vertu est attachée une jouissance, quelquefois deux.

La contre-partie de ces observations s'applique

aux qualités funestes et immorales. On ne peut définir leur influence sur autrui ; il n'en est pas de même de l'individu qui les manifeste ; leur influence sur lui sera délétère, de toute nécessité. Il peut se rencontrer des cas où l'impolitesse, la dureté, la colère, le mauvais vouloir, produisent, en ce qui concerne les autres, des conséquences opposées à leur tendance naturelle ; mais elles ne peuvent qu'avoir un effet pernicieux sur celui qui fait l'expérience insensée de se jouer du bonheur d'autrui.

III.

PRUDENCE EXTRA-PERSONNELLE.

———

LE meilleur moyen de traiter d'une manière convenable et satisfaisante cette branche importante de la morale, est peut-être de considérer d'abord les lois générales que nous prescrit la prudence extra-personnelle, dans nos rapports ordinaires avec nos semblables ; et de poursuivre ensuite cette investigation dans les rapports qui exigent des modifications à ces lois générales, afin de produire, en résultat définitif, la plus grande somme de félicité possible.

La dépendance où est l'homme de ses semblables est la seule source du principe extra-personnel, comme de celui de la bienveillance. Car si un homme pouvait entièrement se suffire à lui-même, il *voudrait* se suffire; et comme, dans cette supposition, les opinions et la conduite des autres à son égard lui seraient indifférentes, il ne ferait aucun sacrifice pour obtenir leur affection; et, en effet, ce serait une prodigalité inutile, et il y aurait folie à le faire.

Heureusement pour tous et pour chacun, l'espèce humaine est différemment constituée. Une grande partie des plaisirs d'un homme est subordonnée à la volonté des autres, et il ne peut les posséder qu'avec leur concours et leur coopération. Il nous est impossible de négliger le bonheur des autres sans risquer le nôtre. Nous ne pouvons éviter les peines qu'il est au pouvoir des autres de nous infliger, si ce n'est en nous conciliant leur bon vouloir. Chaque homme est uni à la race humaine par le plus fort de tous les liens, celui de l'intérêt personnel.

N'allez pas vous figurer que les hommes remueront le bout du doigt pour vous servir, s'ils n'ont aucun avantage à le faire : cela n'a jamais été, cela ne sera jamais, tant que la nature humaine sera ce qu'elle est. Mais les hommes désireront vous servir, lorsqu'ils trouveront leur utilité à le faire ; et les occasions sont innombrables dans lesquelles ils peuvent vous être utiles en étant utiles à eux-mêmes. L'intelligence consistera à saisir les occasions qui échappent aux yeux du vulgaire. Et c'est dans ces services mutuels que réside la vertu : au-delà il n'y en a que bien peu ; et heureusement que cette vertu-là est plus répandue et plus générale que ne veulent le reconnaître ou le croire ceux qui ne la possèdent pas.

Les sanctions sociale et populaire sont appelées à agir dans le domaine de la prudence extrapersonnelle. L'homme, dans ses relations domestiques et privées, aussi-bien que dans sa vie publique, a non seulement à créer, mais encore à appliquer ces peines et ces plaisirs que l'opinion sociale et l'opinion populaire distribuent dans leurs arrêts. Il faut qu'il les crée, en établissant, autant qu'il en est capable, un critérion exact du vice et de la vertu; qu'il les applique, en jugeant chaque action conformément au principe de la maximisation du bonheur, et en lui attribuant la récompense ou la punition que ce principe exige. Le chef de famille exerce dans le

cercle de la famille une grande puissance, parce
qué c'est principàlement dans lui que l'opinion
prend sa source; et c'est de lui que dépendra essentiellement le caractère de l'atmosphère moral
où vivra la famille. Il peut établir autour de lui
un état de choses dans lequel le bonheur sera
recherché avec sagesse, et sera par conséquent
presque toujours obtenu; mais les idées saines
établies dans la famille se feront jour au dehors
et au loin, dans toutes les directions où les membres de cette famille pourront se trouver placés.
Lorsqu'une estimation correcte du bien et du
mal, des notions saines en morale régneront dans
les familles, elles se répandront de là dans la vie
civile, puis s'incorporeront à la vie nationale.
Car le code qui prend le bonheur pour base est
universellement applicable, applicable à tous les
hommes, en toute occasion, en tout lieu. Quand
il y a accord entre les prescriptions de la·pru-
dence et celles de la bienveillance, la ligne du
devoir est clairement tracée. Là où elles se heur-
tent, par exemple lorsque la prudence ordonne
que nous nous abstenions d'un acte bienfaisant,
ou que nous intervenions activement pour infliger une peine, la seule règle à observer, c'est de
faire en sorte que le mal ne soit pas rendu plus
grand que l'accomplissement du bien ne l'exige,

et que le bien obtenu soit aussi grand qu'il est possible de l'obtenir. Ce doit toujours être une question d'arithmétique; car la moralité ne saurait être autre chose que le sacrifice d'un moindre bien pour l'acquisition d'un plus grand.

La vertu de la prudence extra-personnelle n'a de limites que celles de nos rapports avec nos semblables; elle peut même s'étendre beaucoup au-delà du cercle de nos communications personnelles, par des influences secondaires et qui se réfléchissent au loin. Dans le domaine public, et en notre qualité de membres de l'unité politique, la législation nationale et internationale nous offre un champ convenable pour l'exercice de cette partie de la prudence qui se rapporte à autrui; et si ce sujet ne sortait point du cercle que nous nous sommes tracé dans cet ouvrage, nous pourrions le suivre dans les ramifications que présentent les départemens législatifs et exécutifs du gouvernement, ainsi que dans les subdivisions de ce dernier en fonctions administratives et judiciaires. Mais cette matière est plus spécialement du ressort de la science législative. Nous concentrerons notre attention dans la partie privée du sujet, qui se divise elle-même en deux branches, l'une domestique, l'autre non-domestique. Cette partie embrasse celles de nos relations sociales qui n'ont point un caractère public ; relations ou permanentes ou accidentelles, constituées par ces liens du sang que la mort seule peut dissoudre, ou résultant de ces associations variables et temporaires qui entrent dans l'existence de chaque homme.

Un individu peut être placé, vis-à-vis de l'opinion publique, dans des situations diverses. A son tribunal, il peut jouer le rôle de juge, d'avocat, ou de partie. Il peut avoir à répartir aux autres des punitions ou des plaisirs ; à demander au nom d'autrui la dispensation de récompenses ou de châtimens, ou à recevoir dans l'arrêt de ses semblables, le châtiment ou la récompense d'actes soumis à la juridiction de la sanction populaire ou sociale. Dans tous ces cas, qu'il se prémunisse contre une erreur qui n'est que trop commune ; qu'il se garde d'assigner aux autres des motifs, des causes, ou des intentions, ou d'alléguer ces mêmes moyens en sa faveur. Dans sa capacité de juge, s'il veut arriver à une décision honnête et utile, il devra considérer les actes à découvert, et tels qu'ils sont ; suivre leurs conséquences dans l'ordre où elles se présentent dans la conduite patente ; éviter avec soin, d'une part, de plonger dans les régions impénétrables où les motifs se récèlent; et d'autre part, de montrer cette variété pharisaïque qui aime tant à se produire au grand détriment de celui qui la manifeste. Comme avocat, heureusement à l'abri de la position périlleuse dans laquelle l'usage a placé une profession nombreuse condamnée à plaider, pour un salaire, le juste et l'injuste, le vrai et le faux, indistinctement; comme avocat, il a pour mission d'obtenir de la sanction populaire un jugement véridique, et le principe moral lui interdit toute tentative d'égarer ses juges ou de leur dérober la vue des conséquences de l'acte qui est en cause. Comme partie, justiciable qu'il est du tribunal de l'opinion publique, il doit avoir constamment présentes à la pensée, les conditions auxquelles on acquiert les affections d'autrui, lesquelles consistent dans l'échange de services mutuels, dans le sacrifice opportun du présent à l'avenir. En thèse générale, on doit éviter les reproches de pensée lorsqu'ils sont inutiles, ils peuvent conduire à d'inutiles reproches de paroles, et à d'inutiles actes de réprobation. Dans toutes ces choses, dans les pensées, les paroles, ou les actes, la prudence extra-personnelle doit se manifester. Les pensées, tant qu'elles ne sont point traduites en paroles ou en actes, sont inof-

fensives pour autrui, quel que soit le plaisir ou
la peine qu'elles nous donnent à nous-mêmes.
Mais comme les pensées conduisent souvent aux
paroles et aux actes, comme elles en sont la
source et l'origine, comme elles sont, par le fait,
l'impulsion première qui amène la conduite, le
moraliste doit les suivre dans leurs plus secrets
replis, et les purifier autant que possible des
qualités nuisibles qui ne manqueraient pas de se
produire en influences pernicieuses aux individus, aux sociétés, au genre humain en général.

Il est des pensées préjudiciables à une estimation équitable du caractère des hommes, et qui,
en rabaissant injustement notre nature, conduisent à des jugemens erronés, et ce qui est pire,
à des actes d'injustice et de malveillance. Il suf-
fira d'indiquer les plus saillantes. On pourrait
facilement étendre cette liste; mais le lecteur le
fera de lui-même, et ce sera pour lui une occupation utile que d'augmenter le nombre de ces
exemples instructifs, de tous ceux que lui fourni-
ront son expérience, ses souvenirs et ses observations.

L'une de ces erreurs consiste à conclure de ce
que des opinions, autrefois professées, ont été
abandonnées depuis, qu'elles n'étaient pas sincères à l'époque où elles ont été manifestées.

Une autre consiste à prétendre que les hommes ne professent telles ou telles opinions, que parce qu'ils appartiennent à tel ou tel parti, tandis qu'il peut se faire qu'ils n'appartiennent à ce parti, que parce qu'ils professent cette opinion.

Une troisième consiste à conclure, dans tous les cas, de ce qu'un homme a intérêt à professer telle ou telle opinion, que cet intérêt est le seul motif qui la lui fait professer.

La plus grande partie de ceux qui, dans leurs opinions, sont dominés par leurs intérêts, sont probablement de bonne foi. Cela arrive toujours lorsque ces intérêts les dominent sans qu'ils les voient, et à leur insu.

Peu d'hommes ont le courage de s'avouer à eux-mêmes leur improbité : il en est peu qui se disent tout haut : « Ce n'est pas là mon opinion ; mais je dirai que c'est mon opinion, parce qu'en le disant, je gagnerai tels ou tels avantages. » En général, l'intérêt agit d'une manière plus insensible et moins à découvert. Il n'attaque pas l'intégrité de front, il la mine sourdement. Il nous fait envisager avec partialité les argumens contraires à l'opinion proscrite; ceux qui lui sont favorables, il nous les fait voir avec moins de complaisance. Quand l'un des premiers se présente à l'esprit, on lui fait beaucoup d'accueil, on lui prête attention; tout le mérite qu'il peut avoir, on le lui accorde.

L'un des derniers, au contraire, vient-il à paraître, on l'accueille de mauvaise humeur, et on le met, pour ainsi dire, à la porte, sans façon et sans l'entendre.

Dans le monde politique, il est des erreurs d'opinion, qu'on peut appeler vulgaires, à cause de leur universalité, et qui sont la source de beaucoup d'intolérance et de souffrance. Telles sont celles qui ne voient dans les hommes que des monstres de dépravation ou des anges de vertu; celles qui rapportent tous les actes des hommes publics à des motifs politiques; qui, dans tout ce qu'ils font, ne veulent voir que l'homme politique et jamais l'homme privé; qui attribuent tous les méfaits dont les hommes publics sont accusés, à la dépravation du cœur, jamais à la faiblesse de l'intelligence, et qui mettent toutes les erreurs du jugement sur le compte de la perversité.

Il est vrai que quiconque a observé la carrière des hommes publics, peut avoir remarqué des exemples d'immoralité qui sembleraient justifier l'opinion la plus sévère; mais l'opinion la plus sévère est rarement la plus sage, et les passions qui, en matières politiques, se mêlent

aux jugemens que nous portons sur les autres,
égarent étrangement l'intelligence, et exercent
de grands ravages sur les affections généreuses.
La loi de la bienveillance, et plus encore, celle
de la prudence exige que nous jugions les autres avec impartialité et indulgence. En jugeant
sévèrement, nous nous faisons juger sévèrement
nous-même; et pour goûter le plaisir de la malveillance, il faut nous condamner à subir la
réaction de ses châtimens.

La direction prudente du discours est une
branche difficile de la morale; mais c'est aussi
l'une des plus importantes. Les aberrations du
langage sont, de temps immémorial, un sujet
qu'on a fréquemment traité en prose et en vers,
quoique ni la prose ni les vers ne nous aient encore donné un cours complet de règles qui nous
apprennent à appliquer efficacement l'instrument
de la parole à la création du bonheur, et à la
diminution du malheur. Lorsqu'il a ce grand objet en vue, le langage, comme nos autres facultés
physiques, peut devenir un instrument de bien.

Dans une grande partie du domaine de la conversation, tout illimité qu'il soit, les prescriptions de la prudence s'accordent complétement
avec celles de la bienveillance; et il est une multitude de sujets qu'on peut traiter sans nuire à

personne, et qui, agréables à celui qui parle
comme à ceux qui écoutent, peuvent être agréables ou utiles à la société en général. Et ce sont
là les sujets que nous devons choisir de préférence quand nous avons le pouvoir de diriger la
conversation, et qu'en même temps les nécessités plus urgentes d'un intérêt spécial n'intervien-
nent pas. Mais il faut se garder de l'erreur trop
commune de croire que parce qu'un sujet intéresse celui qui parle, il doit nécessairement intéresser ses auditeurs, quelque important d'ailleurs qu'il puisse être. Des motifs de prudence
aussi bien que de bienveillance nous ordonnent
de nous abstenir d'une conversation qui déplaît
aux autres, ou même qui leur est indifférente. Il
y a plus, elle peut être agréable aux deux parties, et cependant être en désaccord avec la règle
fondamentale de la vertu, qui exige pour résultat
un excédant définitif de bien.

Le langage peut affecter un homme de trois
manières. Le discours peut s'adresser à lui lorsqu'il en est le sujet ou sans qu'il en soit le sujet;
enfin il peut être l'objet d'un discours adressé à
d'autres. Le langage dont il n'est pas le sujet peut
l'affecter d'une manière sensible, beaucoup moins
cependant, surtout dans les cas ordinaires, que
ceux dont son caractère et sa personne forment

la matière. Le discours adressé à autrui agira
sur lui, comme faisant partie des jugemens du
tribunal de l'opinion publique. Et en effet, les
opinions que nous exprimons sont de véritables
arrêts par lesquels nous dispensons les peines et
les plaisirs, les récompenses et les punitions
dont nous disposons. Ces jugemens peuvent s'accorder ou non avec les opinions de la majorité,
peuvent influencer ou non ces opinions; ils peuvent affecter ou non le bonheur de l'individu en
question; mais nous devons supposer qu'un jugement défavorable produira infailliblement de
la peine, et nous n'avons pas droit de la produire, s'il ne nous est évidemment prouvé que
le mal infligé par la peine dans un sens, sera plus
que compensé par la production d'un plaisir ou
l'éloignement d'une peine dans un autre sens. Il
en est de même de la louange non méritée ou
peu méritée. Rabaisser le critérion de la morale,
en prodiguant l'éloge à un caractère ou à des
actes en eux-mêmes blâmables, c'est-à-dire hostiles au bonheur de l'humanité, c'est là un rôle
funeste en morale; c'est vicier dans sa source le
jugement dont l'influence bienfaisante est proportionnée à son degré de justesse et de propriété; en un mot, c'est aider à démoraliser la
race humaine.

En thèse générale, si l'affection de celui avec qui vous causez est, pour vous, chose indifférente, tous les sujets vous sont bons. Si vous avez intérêt à vous concilier ou à conserver son affection, choisissez les sujets qui lui sont le plus agréables. En tous cas, vous devez éviter tout sujet que vous savez ou que vous soupçonnez lui être désagréable.

Quant au temps pendant lequel vous pouvez garder la parole ou la laisser prendre aux autres, c'est également une question de prudence. Ne pas fournir votre quote-part, lorsque vous pouvez instruire ou amuser, instruire sans déplaire, ou amuser sans nuire, c'est manquer à l'une des règles de l'art de plaire; tandis que, d'autre part, occuper une trop grande portion du temps consacré à la conversation, et par-là ennuyer les autres, c'est s'attribuer indûment le droit d'intervenir dans les plaisirs ou les préjugés d'autrui; droit que la saine morale ne saurait justifier, encore moins recommander.

Que le ton de votre conversation soit toujours empreint de bienveillance. Désapprouvez sans rudesse; approuvez sans dogmatisme. Des paroles de bonté ne coûtent pas plus que des paroles dures; elles produisent des actes de bonté non seulement de la part de celui auquel elles

sont adressées, mais de la part de celui qui les
emploie, et cela non seulement accidentellement, mais habituellement, en vertu du principe de l'association des idées.

Il est une faiblesse à laquelle beaucoup d'hommes sont sujets, et qui ne peut que laisser une
impression défavorable dans l'esprit de leurs auditeurs : c'est l'usage des expressions hyperbo-
liques, soit d'éloge, soit de blâme, appliquées
à des actes trop peu importans pour mériter des
jugemens aussi extrêmes. C'est dans cette phraséologie que la rhétorique va chercher les instrumens avec lesquels elle égare les esprits ; et c'est
à cette cause qu'il faut attribuer une grande
partie des maux qui résultent des estimations
morales erronées. C'est le fait d'un sophiste que
d'associer des termes de flétrissure à un acte que
le sophiste désire flétrir. L'acte en lui-même,
désigné simplement et sans commentaire, n'ex-
citerait peut-être que peu d'émotion ; mais si on
peut y attacher quelque nom odieux, il est déjà
à demi condamné dans l'esprit des gens irréflé-
chis. Parmi les avantages les plus importans que
procure le contrôle de la pensée, il faut compter cette faculté qui dépouille les actions bonnes
ou mauvaises des épithètes laudatives et condam-
natives dont on les revêt si fréquemment, et

qui ne servent qu'à égarer ou aveugler l'observateur. Au substantif qui exprime l'action est annexée quelque qualification adjectivale par laquelle l'action est transportée de la région qui lui convient dans celle que l'approbateur ou l'improbateur lui assigne. Les expressions d'éloge ou de blâme font sur l'esprit l'effet que les verres peints font sur la vue : elles donnent aux objets une couleur qui ne leur appartient pas. C'est surtout dans le monde politique qu'on voit fréquemment employer ce langage de décoration et de mensonge qui peut quelquefois servir les desseins de la malveillance ou de la flatterie, mais qui, à la longue, doit être funeste à la réputation morale et intellectuelle de celui qui en fait usage.

Évitez tous les argumens que vous savez n'être que des sophismes. Ne pensez pas qu'en fermant vous-même les yeux sur la faiblesse de vos raisons, vous aurez réussi à fermer les yeux de celui qui vous écoute. Vos sophismes ne feront qu'irriter; car le sophisme n'est pas seulement un manque de franchise, c'est un mensonge, c'est un filoutage qui s'adresse non à la bourse d'un homme, mais à son jugement, à son intelligence. Il vous détestera d'autant plus que vous ferez plus d'efforts pour briller à ses dépens, et

il vous méprisera pour avoir eu la folie de supposer le succès possible. Mettez de la franchise
dans toutes vos discussions; vous n'y êtes pas
moins intéressé que votre interlocuteur.

Le triomphe d'un argument dont on connaît,
dont on sent la fausseté et le vide, est une déplorable manifestation de perversité. Son succès
ne peut servir que des intérêts déshonnêtes; son
insuccès entraîne les conséquences attachées à
l'improbité maladroite et prise sur le fait. Dans
la société constituée comme elle l'est, avec ses
erreurs et ses préjugés, ses intérêts étroits et ses
passions intéressées, l'amour de la vérité impose
assez de devoirs à la vertu courageuse; car celui
qui s'avance d'un pas au-delà du cercle tracé par
nos misérables conventions sociales autour des
questions morales et politiques, celui-là doit
s'attendre à voir fulminer contre lui leurs censures et leurs anathèmes, tous ceux qui désirent
ne pas se brouiller avec les arbitres de l'opinion.
Qu'aucun ami de la vérité ne se laisse donc entraîner dans le labyrinthe du sophisme. Il aura
bien assez à faire de se maintenir un pas en
avant du terrain battu par ceux qui dogmati-
sent sur ce qui est légitime, convenable, juste
ou injuste.

Quand vous différez d'opinion avec quelqu'un,

et que vous exprimez votre dissentiment, ayez
soin d'éviter toute apparence d'attaque personnelle. Pour cela, on peut recourir à ces formes
de langage qui empêchent qu'on ne vous soup-
çonne de prendre une position hostile. Par
exemple, vous avez à exprimer votre désapprobation de certaines opinions professées par d'autres; il n'est pas nécessaire que vous provoquiez
contre vous cette hostilité personnelle que susci-
terait probablement une sortie directe et violente contre des opinions qui, vous devez du
moins le supposer, sont aussi profondément en-
racinées dans l'esprit de vos adversaires que le
sont, dans le vôtre, les opinions contraires. Au
lieu donc d'une attaque de front, et en quelque
sorte personnelle, il sera mieux de dire que vous
êtes du nombre de ceux que n'ont pu convaincre
les argumens de vos adversaires; qu'en effet, on
peut à ces argumens opposer telles et telles objections, et ainsi de suite. Ou bien, vous pouvez
placer vos opinions dans la bouche d'autrui,
d'une classe d'hommes indéterminée, ou de telle
ou telle classe d'hommes en particulier, afin d'é-
viter ces luttes de personnes qui sont si souvent
une source d'inconvéniens pour les deux parties
belligérantes. Des locutions telles que celles-ci :
« Il en est qui prétendent », ou « Les adver-

saires de cette opinion disent » ; ces formules et d'autres encore émoussent la pointe de la controverse. Si le sujet intéresse certaines classes en particulier, le dissentiment sera suffisamment exprimé par des formules telles que celles-ci : « Certains légistes sont d'avis », ou « Des théologiens soutiennent », etc., selon la nature de la question controversée.

Cette précaution est utile sous plus d'un rapport. Elle met votre argumentation à l'abri de tout soupçon de personnalité ; elle empêche qu'on ne rattache à votre personne l'hostilité que pourraient exciter vos opinions.

Il est vrai qu'un temps viendra peut-être, et heureusement que nous marchons vers cet état de choses, où les opinions n'auront besoin d'autre passeport que celui de la bonne foi. Néanmoins, indépendamment de la différence des opinions, il faut respecter même les préjugés des autres ; il faut éviter de leur présenter une opinion contraire à la leur sous une forme qui les choque ou les offense. Il est des hommes qui ne peuvent entendre traiter avec légèreté les sujets même les plus plaisans sans éprouver un sentiment de contrariété et de déplaisir, et d'autres à qui les raisonnemens sérieux et logiques répugnent. La règle générale s'applique aux uns et aux autres, bien qu'une conduite distincte doive être adoptée dans chacun de ces cas en particulier. Dans la forme que nous donnons à la communication de nos opinions, aussi bien que dans ces opinions elles-mêmes, évitons tout ce qui peut créer une peine inutile.

Il est un instrument de tyrannie, et conséquemment une source de molestation dont il est désirable qu'un homme puisse se défendre : nous voulons parler des questions indiscrètes. Ce défaut se produit sous diverses formes, et le mal qu'il amène quelquefois ne laisse pas d'être considérable. Ce mal est en raison de la position de la personne qui interroge, comparée à celle de la personne interrogée ; en raison du sujet sur lequel porte la question, et des circonstances dans lesquelles cette question est faite. Quand un supérieur adresse à un inférieur une question à laquelle il sait qu'il lui répugne de répondre, c'est un véritable despotisme qu'exerce le questionneur. Pour la personne interrogée, c'est une cause de souffrance et de mensonge, de mensonge employé comme moyen de protection et de défense. Quand un monarque demandait à un romancier célèbre, en présence de témoins, s'il avait composé certains ouvrages dont il savait que l'auteur voulait garder l'anonyme, le questionneur faisait un acte de tyrannie; il imposait despotiquement la nécessité du mensonge.

Mais pour éviter les collisions, la prudence exige qu'au lieu de répondre à une question offensante d'une manière offensante, on l'élude par une réponse adroite, et sans se fâcher, telle que celle-ci : « Quelle question ! » « Vous ne parlez pas sérieusement ! » « Oh ! c'est une longue histoire ! » et d'autres semblables. Une citation plaisante, un air qu'on fredonne, un regard, un geste significatif, peuvent nous tirer d'embarras, et empêcher le mal de l'imprudence. Il est difficile d'indiquer des formules applicables à tous les cas; mais la ligne tracée par le principe déontologique est facile à distinguer.

Les restrictions imposées au discours par la prudence, s'étendent à toutes les occasions où la parole peut infliger une peine; et, en fait, les règles applicables aux paroles ne diffèrent de celles qui s'appliquent aux actes qu'en ce point, qu'il n'est pas aussi facile de déterminer avec précision l'influence immédiate du discours sur le bonheur de l'homme. On peut évaluer sans beaucoup de difficulté la peine qui résulte d'un dommage corporel. On peut aussi estimer, sans craindre de se tromper beaucoup, la valeur d'un plaisir produit par une jouissance particulière. Mais il n'est pas aussi facile d'apprécier avec exactitude l'influence des paroles sur l'esprit de celui qui parle ou qui écoute. La même somme de mal de dents affecterait, d'une manière assez égale, dix personnes différentes ; mais les mêmes paroles qui, adressées à un homme, lui infligeraient une douleur poignante, un autre les entendrait peut-être avec une complète indifférence.

Les calculs de la prudence sont d'une grande utilité, lorsqu'il s'agit de savoir quand on peut donner des conseils à autrui, et quand on doit s'en abstenir. Il est rare qu'un avis donné n'inflige pas une peine à celui qui le reçoit ; car s'il n'y avait dans sa conduite quelque chose de répréhensible, il n'y aurait aucun motif de lui donner cet avis ; et il est naturel que celui que l'on veut servir en le conseillant, voie avec chagrin qu'on lui montre ses défauts et qu'on divulgue ses faiblesses. Y a-t-il certitude que l'avis sera donné en pure perte ? que le conseilleur s'épargne à lui-même les peines du désappointement, et au conseillé l'infliction d'une peine inutile. Mais si, consultant tout à la fois et la prudence personnelle et la bienfaisance, vous avez lieu de croire que vos leçons ne seront pas perdues, ce sera du temps bien employé. Évitez

de revenir sur la conduite passée, à moins que
par là vous ne donniez plus d'efficacité à vos
paroles. Au lieu d'attrister vos conseils par des
reproches sur un passé qui n'est plus, faites-y
briller plutôt des encouragemens pour l'avenir.
En un mot, regardez en avant plutôt qu'en arrière, et tâchez que celui qui vous écoute en
fasse autant. En lui épargnant des souvenirs de
douleur, en lui ouvrant une perspective de
plaisir, vous n'en remplirez que mieux votre
mission morale.

Réprimer ces saillies de l'esprit qui pourraient
déplaire à autrui est un des devoirs difficiles que
nous impose la prudence extra-personnelle. La
complaisance avec laquelle nous aimons en général à déployer notre supériorité intellectuelle,
surtout en matière de ridicule, ne nous entraîne
que trop souvent à dédaigner les sentimens que
nous blessons, et leur réaction sur nous-mêmes.
Heureux celui qui, tenté de dire un mot spi-
rituel, mais malveillant, a donné au principe
de la bienveillance un tel empire sur son amour-
propre, qu'il peut, en toute occasion, réprimer
l'expression de ce qui pourrait affliger autrui !
Et plus heureux encore l'homme qui s'est accoutumé à soumettre à l'influence de la bienfai-

sance le talent de la plaisanterie, de manière
à ne jamais éprouver le besoin de dire ce qui
pourrait causer à autrui une peine inutile! Il
est des hommes qui ont imposé à leur esprit une
discipline si efficace, qu'ils se sont mis, par un
tempérament qui leur est devenu habituel, à
l'abri de l'influence, et même des tentations de
cette faiblesse qui irrite ceux qui en sont victimes beaucoup plus qu'elle ne leur fait de mal,
et qui provoque souvent la réaction d'une malveillance d'autant plus intense que ses craintes
ne lui permettent pas de donner à ses manifestations une expression modérée. La plaisanterie, la gaie et joyeuse plaisanterie, qui naît du
contentement de l'âme, et qui évite tous les
sujets qui peuvent produire de la peine, est tout
à la fois un moyen de plaire et un mérite.

Gardez que vos paroles ne fassent naître des
espérances sans que vous ayez la certitude de
leur réalisation; et si vous avez cette certitude,
que l'attente soit plutôt au-dessous qu'au-dessus de ce que vous espérez. La valeur du plaisir,
quand il viendra, sera augmentée de toute la
quantité, l'intensité et la durée dont il aura ex-
cédé ce qu'on attendait. Le désappointement auquel vous auriez donné lieu, vous ferait dé-
choir dans votre propre estime, et dans celle

des autres. En perdant de votre réputation, vous perdriez quelque chose de votre utilité. En faisant naître moins d'espérances que le cas en question ne vous y autorise, vous ne pouvez faire de mal ni à vous, ni à la personne qui espère; car si l'événement arrive, le plaisir qu'il donnera sera d'autant plus grand qu'il aura plus dépassé l'attente; si au contraire il n'arrive pas, la peine sera diminuée en proportion que le désappointement sera moindre; et la loi qui veut que nous empêchions tout désappointement inutile, n'est qu'une conséquence de cette autre loi qui veut que nous ne fassions naître aucune espérance mal fondée. Si la création du bonheur constitue la base fondamentale de toute saine morale, de toute bonne législation, le principe le plus important après celui-là, c'est le principe du non-désappointement. Son application au langage est évidente. La parole qui crée une espérance qui ne doit pas se réaliser, ou en d'autres termes, qui jette les fondemens d'un désappointement inévitable, est aussi pernicieuse que toute autre action qui ne produit pas une plus grande somme de souffrance. Les promesses faites à la légère, et violées de même, sont une source fréquente de peines.

La prétention d'assigner des *motifs* aux ac-

tions des autres est presque toujours futile et
offensante ; car si le motif est ce que nous le
supposons, si c'est un motif louable, il se manifestera dans l'action elle-même ; si au contraire
il est blâmable, en le signalant vous ne faites
que déplaire à celui auquel le motif est attri-
bué. Après tout, nous n'avons rien à démêler
avec les motifs. Si de mauvais motifs produisent
de bonnes actions, tant mieux pour la société ;
si de bons motifs produisent des actes mauvais,
tant pis. C'est à l'action, non au motif, que nous
avons affaire ; et quand l'action est devant nous
et que le motif nous est caché, c'est la chose du
monde la plus oiseuse que de s'enquérir de ce qui
n'influe en rien sur notre condition, et d'oublier
ce qui exerce sur nous la seule influence réelle et
véritable. Quels actes si coupables et si extensive-
ment pernicieux qui ne puissent s'excuser et se
justifier, si on juge de leur moralité par leurs
motifs et non par leurs conséquences ! Il n'a
peut-être jamais existé d'hommes plus consciencieux et mieux intentionnés que les premiers
inquisiteurs. Ils croyaient fermement servir
Dieu ; ils étaient sous l'influence des motifs les
plus religieux, les plus pieux, lorsqu'ils ver-
saient des torrens de sang, et faisaient mourir
dans les tortures les meilleurs et les plus sages

des hommes. Des motifs! Comme si tous les motifs n'étaient pas les mêmes! Comme si tous n'a-
vaient pas pour but de procurer à celui qui agit
une récompense quelconque de son action, en
lui évitant une peine ou en lui conférant un
plaisir!

Le plus vicieux des hommes, comme le plus
vertueux, ont des motifs absolument semblables;
tous deux se proposent d'accroître leur somme
de bonheur. L'homme qui tue, celui qui vole,
croit que le meurtre et le vol lui seront avantageux, lui laisseront plus de bonheur après qu'a-
vant le crime commis. Si on le juge par ses motifs, il ne lui sera pas difficile de se donner pour
le plus moral des hommes. La seule manière
sage de raisonner avec lui, sera de lui dire que
ses motifs ont été mal dirigés vers leur objet.
Mais lui dire que ses motifs n'avaient pas pour
objet l'obtention pour lui-même de quelque
avantage, c'est nier la relation entre la cause et
l'effet. Les hommes ne sont que trop disposés
aux assertions dogmatiques, ils n'ont que trop
de penchant à détourner leurs regards des conséquences d'un acte pour en rechercher la
source. C'est une recherche qui doit être sans
résultat, et ne le fût-elle pas, elle serait encore
inutile; car lors même que les motifs seraient

autres, lors même qu'ils prouveraient exactement et convenablement le vice ou la vertu d'une action donnée, il n'en resterait pas moins vrai que l'opinion ne pourrait baser son jugement que sur les conséquences de cette action. Les motifs d'un homme, tant qu'ils ne font pas naître une action, n'importent à personne; et c'est aux actions, et non à leurs motifs, que les individus et les sociétés ont affaire. Évitons donc, dans nos discours, toute indication des motifs. Cela épargnera à l'esprit de celui qui parle une source d'erreur et de faux jugemens, et à l'esprit de ses auditeurs une source de malentendus.

En exprimant votre approbation de la conduite méritoire d'un autre, que votre expression soit chaleureuse et cordiale, que la récompense soit au niveau de ce que la circonstance autorise. La sincérité et la candeur sont, il est vrai, des modifications de la véracité, ou plutôt la véracité est une modification de la sincérité; mais la véracité a des formes plus ou moins attrayantes; et quand elle peut disposer de la matière du plaisir, que la manière dont elle le distribue soit aussi agréable que possible à celui qui le reçoit. C'est une vérité presque proverbiale que la grâce du refus peut donner à une faveur refusée pres-

que autant de prix qu'à un bienfait accordé ; et
chacun a pu se convaincre par ses propres observations, que le langage de l'approbation peut
perdre toute ou presque toute sa valeur par la
forme de l'expression, ou par la manière dont
il est prononcé. Quand donc vous avez à louer,
que votre éloge soit accompagné de tout ce qui
peut en relever le prix. L'exercice de l'approbation est des plus salutaires. Qu'elle soit l'expression de la vérité unie à la cordialité. Une phrase
ainsi caractérisée en vaudra cent auxquelles cette
qualité manquerait.

Et lorsque la prudence extra-personnelle nous
fait un devoir d'exprimer à quelqu'un notre désapprobation, ayons soin de ne créer tout juste
qu'autant de peine qu'il en faut pour atteindre
le but que nous avons en vue. Si vous créez
trop peu de peine, cette peine est inutile, car vous
manquez le but en vue duquel elle était produite ; mais c'est habituellement dans le sens opposé qu'on se trompe. L'animosité ne s'immisce
que trop souvent dans les arrêts de la justice. La
disposition qu'a le pouvoir à se manifester, conduit habituellement à l'infliction d'une plus
grande somme de souffrance que ne l'autorise
la prudence ou la bienveillance. Et ordinairement, l'expression de la désapprobation a lieu

au moment où la passion nous rend moins capables de juger de la quantité de souffrance rigoureusement nécessaire. En thèse générale, évitez d'exprimer votre désapprobation quand vous êtes en colère. Les expressions violentes que l'irritation suggère sont celles qui sont le moins adaptées au but proposé ; car l'aveuglement de la colère nous empêche de voir et de saisir les moyens les plus convenables à l'objet que nous avons en vue. Si un homme vous a fait du tort, évitez, s'il est possible, de dispenser vous-même le châtiment qu'il a mérité : attendez que d'autres prennent en main votre injure. La chose produira plus d'effet que si elle venait de vous, et vous n'en assumerez point l'odieux.

Certaines personnes ont un défaut qui est pour les autres une grande source de molestation, et dont elles portent la peine en rendant leur conversation moins agréable, ou même intolérable : nous voulons parler de l'habitude d'insister pour avoir le dernier mot. Qu'ils aient tort ou raison, qu'ils soient vaincus ou vainqueurs, il est des gens qui veulent absolument exercer ce despotisme petit et vexatoire. Cette disposition est une manifestation de l'orgueil sous une forme extrêmement offensante. C'est une usurpation par laquelle on prétend dominer l'amour-propre des autres sur le terrain où cet amour-propre est ordinairement le plus irritable. C'est la résolution formelle d'humilier celui avec qui nous parlons, de l'humilier non par la supériorité d'argumens irrésistibles, mais par l'intervention d'un pouvoir tyrannique. Évitez donc ce défaut, de peur d'en contracter l'habitude ; et si cette habitude existe, la prudence extra-personnelle exige que vous vous en corrigiez. Veillez attentivement sur vous-même. Informez-vous près d'un ami sur la sincérité duquel vous puissiez compter, informez-vous, si vous êtes sûr que sa réponse ne vous sera pas pénible, si vous avez manifesté, ou s'il a remarqué en vous cette faiblesse ; s'il répond affirmativement, appliquez-vous à vous en défaire.

Nous avons déjà fait sentir la nécessité de subordonner la vertu de la véracité à celles de la prudence et de la bienveillance. Le vice du mensonge, qui est l'opposé de la vertu de la véracité, se subdivise en plusieurs ramifications d'un caractère plus ou moins pernicieux, mais contre lesquelles la prudence exige que nous nous mettions sur nos gardes. Le mensonge est un des modes nombreux dans lesquels la déception est pratiquée. L'artifice en est un autre. Sa tendance toujours, et en général son intention, est d'induire en erreur. Une autre forme du mensonge est la mauvaise foi, dont le caractère pernicieux doit être estimé par l'étendue du mal qu'elle produit. Excepté les cas rares où les nécessités plus impérieuses de la prudence et de la bienveillance exigent le sacrifice de la véracité, la franchise et la bonne foi sont au nombre des vertus que la prudence extra-personnelle prend sous sa protection. Elles exercent singulièrement d'empire et de séduction. L'intérêt que tout individu ressent habituellement dans la communication de la vérité lui donne un mérite tout particulier, quand elle se présente sous une forme aussi attrayante. Alors son charme est à la surface, perceptible à la vue, visible à l'intelligence.

Quant à l'influence générale de nos actions sur les autres, en tant qu'elles se réfléchissent sur nous-mêmes, et seulement en vue de notre propre bonheur, c'est-à-dire, en supposant que le bonheur des autres n'entre pour rien dans nos calculs, il est certain qu'un égoïsme éclairé nous prescrirait d'agir amicalement à leur égard. En effet, prenez le premier objet de désir venu, le pouvoir, par exemple, le pouvoir considéré comme source de plaisir, et il l'est indubitablement; et voyez quels sont les meilleurs moyens de l'obtenir, en ce qui concerne les autres hommes. Deux voies à suivre se présentent, leur faire du bien ou leur faire du mal ; car toute action doit produire des résultats quelconques. En leur faisant du mal, vous vous créez des ennemis ; en leur faisant du bien, ce sont des amis que vous vous conciliez : lequel des deux, dans votre intérêt, est préférable ?

L'homme solitaire et isolé ne dispose que d'une bien faible portion de plaisir. Seul, tous ses efforts suffiront à peine à lui procurer la nourriture et le vêtement, et à le protéger contre les élémens. Même dans les premiers temps de la civilisation, où ses moyens d'association sont en petit nombre, l'absence fréquente des nécessités de la vie lui inflige un somme considérable de souffrances, et sa destinée est souvent de périr par le manque de coopération. Le but de la science sociale est de faire que les hommes se soient mutuellement plus utiles ; de donner à chacun un intérêt dans les ressources de tous ; d'assigner à chaque homme en particulier une part dans les jouissances dont les autres disposent, supérieure à celle qu'il eût pu autrement se procurer.

Bien que les définitions de l'école d'Aristote soulèvent mille objections irrésistibles ; bien que

sa classification morale, sous la double division
des vertus et des semi-vertus, soit tout-à-fait
insoutenable, néanmoins on doit reconnaître
que les vertus peuvent très convenablement se
diviser en deux sections, l'une constituant la
morale supérieure et l'autre la morale usuelle,
ou de chaque jour. La première se rapporte aux
intérêts les plus importans, mais qui ne sont
que rarement en cause; la seconde à des intérêts
comparativement moins grands, mais qui sont
continuellement en question.

Les mêmes règles s'appliquent aux deux sections; mais par cela même que la quantité de
bien et de mal attachée à des actes qui se rapportent à la morale usuelle, est comparativement
petite, il est quelquefois difficile de tracer avec
précision la ligne de conduite que prescrivent,
dans ces occasions, la prudence et la bienveillance. Mais la sanction populaire a pris sous sa
juridiction une grande partie de la morale usuelle,
et les lois du savoir-vivre sont presque toujours
conformes au principe déontologique. Il est rare
qu'il y ait hostilité contre ces lois de la part de la
portion aristocratique de la société. Comme le
reste des hommes, la minorité des gouvernans
voit son propre bonheur dépendre en grande
partie de leur observance, et en conséquence elle

concourt à leur imprimer l'action et l'efficacité.
Tout insoucieuses que soient les classes riches et
privilégiées des prescriptions de la morale, dans
ses objets les plus élevés et les plus importans,
elles ont cependant grand soin de ne pas enfreindre ses lois dans cette partie plus rétrécie de son
domaine, où l'opinion aristocratique a tracé la
ligne de conduite à suivre. Leur prudence extra-
personnelle a mis un frein positif aux affections
dissociales. En mille circonstances la disposition à infliger une peine à autrui est désarmée
par les lois établies et reconnues de la courtoisie. La civilité tolère déjà les différences d'opinion en religion, en politique, en matière de
goût. Les licences qu'on aurait pu laisser prendre
à l'intolérance, il n'y a pas long-temps encore,
sont aujourd'hui réprimées par les prescriptions
impérieuses de la politesse. Un système de morale, supérieur à celui qui a si long-temps gouverné la société, commence à s'introduire et à
donner aux jugemens des hommes une règle
morale plus juste et plus fidèle. C'est là un sujet
de consolation; il y a tendance vers un état de
choses où les récompenses et les punitions de la
sanction sociale et populaire suffiront pour réprimer ou encourager un grand nombre d'actes,
laissés aujourd'hui à l'intervention des pouvoirs

législatif, administratif ou judiciaire, à l'autorité
de la religion ou aux terreurs de la loi. Le critérion déontologique en main, qu'on lise, soit les
Lettres de lord Chesterfield, soit tout autre livre
consacré à l'enseignement de la morale usuelle,
et on trouvera facile de séparer dans ces ouvrages
l'ivraie du bon grain, d'en extraire et réduire en
pratique tout ce qu'ils contiennent de sage et de
vertueux, et d'en arracher et rejeter comme inutile toutes les instructions qui violent les grands
principes fondamentaux. Ce serait là un exercice
délicieux, et pour l'intelligence, et pour les affections : pour l'intelligence, chargée spécialement
d'apprécier les demandes de l'intérêt personnel;
pour les affections, occupées à peser les inspira-
tions de la bienveillance effective.

Si l'on soumet l'accomplissement de l'objet
qu'un homme se propose, quel que soit d'ailleurs
cet objet, à toute autre règle des actions que celle
que nous avons posée, cette autre règle lui don-
nera-t-elle plus de chances de succès, ou rendra-
t-elle son succès aussi complet et aussi écono-
mique que ne le fera la règle déontologique, qui
peut se résumer dans ces deux préceptes si simples : « Maximiser le bien, minimiser le mal? »
Prenez un cas quelconque. Vous avez, par exemple, été long-temps dans l'habitude de fréquen-

ter quelqu'un ; sa société a cessé de vous convenir;
vous désirez ne plus le voir. Or, pour mettre un
terme, soit temporaire, soit définitif, à ses visites,
quel meilleur conseil que celui qui recommande
que, tout en vous délivrant du déplaisir que vous
donne sa société, vous ayez soin de lui causer
aussi peu de chagrin que possible. D'une peine
excitée dans son esprit ou dans le vôtre, ne peut
résulter aucun bien. La prudence seule vous ferait
un devoir de ne pas vous affliger inutilement. La
bienveillance vous empêchera de lui infliger une
peine inutile. En partant de cette loi générale,
vous aurez soin de lui donner, dans son application, le plus d'efficacité possible. Si la personne
en question a quelque susceptibilité particulière,
vous ferez en sorte de ne la pas blesser. A moins
qu'il n'y ait nécessité à une rupture immédiate,
vous ne mettrez fin à votre liaison que graduelle-
ment. Dans le cas où il serait nécessaire de cesser
immédiatement toute relation, vous prendrez
soin d'en donner la raison la moins offensante
qu'il se pourra.

Lorsqu'un homme désire se concilier l'affection d'un autre, objet légitime et convenable,
lorsqu'on n'emploie, pour l'obtenir, que des
moyens approuvés par la prudence et la bienveillance, que lui faudra-t-il faire pour réussir?

Comment appliquera-t-il la règle déontologique?

Pour vous concilier l'affection d'un autre, il faut lui donner une bonne opinion de vous, soit dans une occasion particulière, soit dans toutes les occasions. Cette bonne opinion produira en lui le désir de vous obliger par tels ou tels services en particulier, ou par des services d'une nature plus générale.

Vous désirez qu'il ne vous considère pas comme tout le monde ou comme ceux qui lui sont inconnus, mais qu'il vous porte des sentimens d'affection : vous avez pour cela deux moyens à employer. Si vous avez le pouvoir de manifester votre disposition à rendre des services effectifs à la personne dont vous recherchez la bonne opinion, et si vous avez en outre le pouvoir de lui rendre de tels services; si vous pouvez faire en sorte qu'elle vous considère comme probablement ou réellement capable d'ajouter quelque chose à ses jouissances; en un mot, si vous êtes à même d'exercer à son égard les vertus de la bienveillance et de la bienfaisance, faites-le; c'est là le premier moyen de vous faire aimer; on peut appeler cela faire sa cour.

Mais si ce moyen ne réussit pas, vous en avez un autre. Obtenez l'estime des hommes en gé-

néral. Efforcez-vous de paraître à ses regards
comme un objet digne d'affection sociale, comme
digne d'affection ou d'estime, ou de toutes deux.
C'est ce qu'on peut appeler se recommander, se
faire valoir.

Auprès de quelques personnes, ce système de
recommandation est celui qui réussit le mieux;
avec d'autres, il vaut mieux faire sa cour; en
d'autres termes, les qualités qui vous recom-
mandent à l'affection particulière peuvent se
manifester avec plus de succès et moins de réserve à certaines personnes qu'à d'autres.

Quand le désir de plaire se montre avec prudence et sagesse, il manque rarement de réussir;
car il n'est personne qui ne dépende plus ou
moins du bon vouloir des autres, et il est peu
d'hommes qui, dans le calcul évident de leur
intérêt personnel, ne soient disposés à payer
de quelque retour les services utiles qu'on leur
offre. Mais le système de recommandation ne
peut s'employer sans courir plus ou moins de
chances. C'est en quelque sorte s'efforcer d'occuper dans l'estime de la personne à qui nous voulons plaire, une place plus élevée que celle que
nous y occupons. Si nous n'y réussissons pas,
nous perdons dans son opinion, nous sommes
humiliés à nos propres yeux. Néanmoins c'est

le moyen qui nous plaît le plus, celui qui flatte le plus l'amour-propre : c'est celui qu'on met le plus fréquemment en usage pour se concilier les affections sympathiques des autres ; et le zèle que nous mettons à l'employer empêche souvent son succès. Il séduit et trompe fréquemment la jeunesse. Elle est naturellement portée à s'assigner à elle-même une place plus élevée que celle que le monde est disposé à lui accorder ; une place habituellement au-dessus du niveau ordinaire dans l'échelle de l'estimation publique. Elle ne se prête que difficilement à faire sa cour, dans la crainte qu'on ne l'accuse de flatterie déshonorante, et préfère s'appuyer sur son propre mérite.

Mais quand la bonne opinion d'autrui peut être achetée au prix de services rendus, et si ces services peuvent l'être au moyen de sacrifices personnels qui seront récompensés par un plus grand résultat de bien, nous devons saisir toutes les occasions qui nous mettent à même de nous concilier l'affection des hommes en général, ou de tout individu en particulier dont l'approbation peut augmenter la somme de notre bonheur ou du bonheur général.

On a souvent donné bien des règles diverses pour réprimer la colère. La plupart consistent à laisser à l'irritation le temps de se calmer, avant qu'elle n'éclate en paroles ou en actions offensantes. Toutes ces règles se réduisent à en appeler des emportemens de la passion au calme du jugement. Répéter les lettres de l'alphabet, faire un tour de promenade si c'est au logis qu'est le siége de l'excitation, en un mot, tout moyen qui aura pour but de distraire l'esprit de sa tendance irascible, peut être employé avec succès. Mais au lieu de s'en rapporter au hasard du soin de trouver, le cas échéant, le moyen d'apaiser l'irritation, ne vaudrait-il pas mieux acquérir la puissance de dompter cette irascibilité par l'exercice habituel d'influences correctives et réformatrices. Quand vous êtes calme, quand rien ne trouble la tranquillité de votre âme, pénétrez-vous de l'utilité et de l'applicabilité de ces règles dont vous pourrez avoir besoin dans des momens d'irritation. Mettez-les, fixez-les fortement dans la mémoire, pensez-y fréquemment, et, lorsque plus tard quelque cause accidentelle provoquera votre colère, le souvenir de ces règles pourra servir à la réprimer. C'est ainsi que vous parviendrez aux moindres frais, et avec le plus de certitude possible, à briser le joug de l'esclavage auquel la passion vous avait assujetti.

La manie de thésauriser est au nombre des erreurs produites par l'imprudence et un faux calcul. En ce qui nous concerne, entasser des trésors improductifs est évidemment une fausse estimation de l'intérêt. Comme moyen de jouissance, transporter les affections de la réalité à ce qui n'est que l'instrument propre à la faire obtenir, c'est une manie qui, dans ses conséquences, arrive à réduire tous les plaisirs à un seul, lequel est lui-même distinct des plaisirs des autres, et souvent leur est opposé. La sensibilité pour le plaisir étant amortie en lui par le défaut d'exercice, l'avare s'exagère l'anticipation vague et indéfinie des biens que l'argent peut procurer. Les plaisirs individuels s'évanouissent successivement, et en même temps le plaisir de posséder la source de tant de plaisirs s'enracine plus fortement dans les affections. Ce plaisir devient lui-même un objet de désir, indépendant des autres, qui les domine tous, et qui finit par les exclure tous.

Voilà donc un homme qui a séparé le principe personnel du principe social, et qui s'est efforcé d'obtenir pour lui-même une portion additionnelle de bien, en éloignant les autres de toute coopération à son propre bonheur ; et les conséquences sont telles que la Déontologie et la philantropie peuvent le désirer. Cet homme a, dans son propre intérêt, fait un mauvais marché. Il a perdu beaucoup de bien pour en obtenir peu ; et ce peu est, pour lui, devenu presque un mal par les anxiétés qui accompagnent sa seule, son unique source de plaisir. Indifférent à l'opinion des autres, cette opinion à son tour réagit contre lui par un sentiment qui n'est pas celui de l'indifférence. Car, quelque désir qu'on ait d'échapper au jugement des hommes, cela est impossible. Le tribunal de l'opinion, sévère, inexorable, nous traduit tous indistinctement à sa barre.

Les règles de la prudence extra-personnelle, quoique simples dans leurs prescriptions, nous imposent différens devoirs en raison de la différence des positions dans lesquelles un homme peut se trouver à l'égard des autres. La loi, néanmoins, est la même dans toutes les occasions, et la question se réduit aux moyens de donner à cette loi le plus d'efficacité. Diverses règles s'appliquent aux diverses positions sociales. C'est sur la moyenne de ces situations qu'est fondé le principe général. Mais il ne sera point inutile d'indiquer quelques-unes de ces diversités de position qui réclament l'attention du Déontologiste.

Les occurrences qui ne présentent le conflit d'aucun intérêt seront d'une décision facile. Lorsqu'en faisant ce qui nous est agréable nous faisons également ce qui est agréable à autrui, et lorsqu'en agissant comme il nous plaît, nous nous trouvons plaire aussi aux autres, notre tâche n'a rien de difficile. Lorsque sans sacrifice de prudence, d'une part, ou de bienveillance de l'autre, vous pourrez faire accorder vos désirs avec les désirs des autres, vos intérêts avec les leurs, vous servirez la cause de la vertu et du bonheur qui en est la conséquence.

Mais la difficulté commence là où commence le conflit d'intérêts contraires, ou ce qui est pire, d'intérêts irréconciliables; là où la conduite qui vous convient le mieux est repoussée par les autres, comme leur étant une cause de vexation et de peine. Il se pourrait que ce fût pour un homme une grande jouissance que de fumer, n'était l'inconvénient qu'il occasionerait à d'autres en les enveloppant dans la fumée de son tabac. Si nous écartons ici la question de bienveillance, n'est-il pas évident que la prudence extra-personnelle lui demandera le sacrifice de sa jouissance, afin de mettre son propre bien-être à l'abri de la réaction du mauvais vouloir de ceux qu'il pourrait incommoder? Il réfléchira

que la quantité de plaisirs que lui donnerait
l'action de fumer n'égalerait pas ceux que lui
ferait perdre la perte de la bonne opinion d'autrui, ou ne compenserait pas les peines que les
autres auraient le pouvoir, et peut-être aussi la
volonté de lui infliger.

De même, les lois de la prudence extra-personnelle s'appliquent avec plus de facilité lorsqu'il y a égalité de condition entre l'individu
et celui auquel il a affaire. Des actes qui, con-
sidérés d'une manière générale, paraissent sub-
ordonnés au principe déontologique, peuvent
avoir avec lui plus ou moins de conformité,
quand on pèse attentivement la position des
parties respectives. La même conduite qui pourrait être à la fois prudente et bienveillante,
tenue par un homme opulent à l'égard d'un
voisin indigent, par un homme sage envers un
individu moins éclairé, par un père envers
son enfant, par un vieillard envers un jeune
homme, peut changer de caractère, si elle
est adoptée par des individus placés sous le
rapport de la fortune, de la science, de la
paternité ou de l'âge, dans une situation diamétralement opposée. Quand les positions sont
égales, l'esprit est affranchi de la nécessité
de faire entrer dans son estimation plusieurs

points de différence, qui, s'ils existent véritablement, méritent une mûre considération.
Comme les peines souffertes ou les plaisirs
goûtés par des personnes de la même condition,
ont entre eux plus de ressemblance que lorsque
les hommes sont séparés par les gradations de
rang, l'assimilation de position rendra plus facile
l'évaluation exacte du plaisir et de la peine ; car
les plaisirs et les peines ne méritent d'être évités
ou recherchés qu'autant qu'ils agissent sur l'individu, et lui sont spécialement applicables.

Les relations domestiques et sociales imposent, dans leurs caractères divers, des devoirs
différens pour l'exercice de la prudence extra-
personnelle. Plus les rapports sont intimes, plus
notre bonheur y est attaché, plus se trouve for-
tifiée l'influence du principe prudentiel, en nous
mettant plus immédiatement en présence de
ceux qui, dans des communications habituelles
et fréquentes, ont en leurs mains le pouvoir de
nous dispenser nos plaisirs et nos peines. Les
liens du sang sont ordinairement les plus forts
de tous; après eux viennent ceux de la parenté,
puis ceux qui résultent de conventions domestiques, par exemple, entre le maître et le ser-
viteur ; puis ceux qui proviennent de relations
sociales accidentelles, puis enfin ceux de voisi-

nage. Il n'est presque personne qui ne fasse partie
de quelque cercle domestique. Chacun des membres de ce cercle dépend de tous les autres pour
sa part habituelle de bonheur. Immédiatement
en dehors ou au-dessous de ces rapports de famille, viennent les relations accidentelles résultant des communications qui amènent quelquefois d'autres individus dans notre cercle domestique, ou qui nous transportent dans le leur.
Les relations amicales, mais moins intimes, de
voisinage peuvent être considérées comme for-
mant le dernier degré auquel s'applique la sanction sociale : au-delà, l'action de la sanction
populaire commence.

Une famille est une petite communauté dont
les chefs remplissent des fonctions analogues à
celles des gouvernans dans un État. C'est un
gouvernement en petit, un gouvernement armé
de tous les pouvoirs nécessaires pour régler ses
affaires intérieures, et spécialement celles qui
rentrent dans le domaine de la Déontologie. Des
récompenses appropriées pour rémunérer les
actes qui ajoutent au bonheur domestique, et
des châtimens appropriés pour punir les actes
qui le diminuent, sont aux mains de ceux qui
exercent les fonctions de l'autorité; et à eux s'appliquent les règles de la prudence extra-person-

nelle; car leur autorité doit être plus ou moins influente, selon qu'elle est exercée avec plus ou moins de sollicitude pour le bien-être de ceux qui leur sont soumis.

Il n'est point d'être humain qui ne dépende d'autrui en quelque chose. Du sommet de la pyramide sociale, les influences descendent sur les degrés inférieurs ; et à leur tour, ceux qui forment la base de la pyramide exercent une influence réelle sur ceux qui sont au-dessus d'eux, appelés qu'ils sont à rendre des services nécessaires aux jouissances des classes privilégiées. Les lois de la Déontologie s'appliquent à tout individu, protecteur ou protégé, gouvernant ou gouverné. Si sa vue ne s'étend pas au-delà de son intérêt personnel, s'il est indifférent à tout, si ce n'est au moyen de tirer de ses semblables le plus de services utiles et agréables, les prescriptions de la sagesse lui apprendront à chercher dans l'instrument du bonheur l'accomplissement de l'objet qu'il se propose. Qu'on examine l'une après l'autre les diverses conditions de l'homme. Comment le maître pourra-t-il obtenir de son domestique un service zélé et assidu ? comment, si ce n'est en associant les intérêts du domestique à ses devoirs, en les lui rendant agréables ? Comment le domestique se conciliera-t-il la bonne opinion de son maître, laquelle doit alléger ses travaux et en faire une source de jouissances? Il n'y parviendra certainement qu'en donnant à son maître la conviction que ses services influent d'une manière bienfaisante sur sa félicité.

En nous occupant des différens devoirs qu'impose à l'homme la diversité des conditions, nous avons signalé la supériorité, l'infériorité ou l'égalité de position, comme devant être l'objet de considérations distinctes.

Par supériorité, on peut entendre la qualité d'exceller en général ou d'exceller dans quelque branche particulière et spéciale. C'est sur la supériorité de pouvoir, quelle qu'en soit l'origine, qu'est basé ordinairement le droit à une supériorité de services, et ce droit est évident; car quels que soient les motifs de prudence et de bienveillance qui vous engagent à faire des actes de bienfaisance envers vos inférieurs ou vos égaux, ces motifs vous les avez, joints à d'autres encore, pour exercer ces mêmes vertus à l'égard de vos supérieurs. Les prescriptions de la prudence personnelle viennent ajouter le poids de leur autorité à celles de la bienfaisance. La supériorité de celui à qui vous rendez service augmente les moyens qu'il a de vous récompenser; et cette récompense, votre intérêt personnel suffit pour que vous vous efforciez de l'obtenir.

La supériorité de pouvoir, lorsqu'elle est due à la fortune, neutralise jusqu'à un certain point, sous ce rapport spécial, l'influence de l'inférieur. Un homme peu aisé perd plus dans le sacrifice d'une petite somme que l'homme riche ne gagne dans l'acquisition d'une somme plus considérable. La valeur qu'a l'argent dans des mains différentes est une considération importante, quand il doit être employé comme moyen d'influence.

Dans la jeunesse, l'inexpérience nous fait commettre de grandes erreurs. L'indifférence ou même la hauteur envers nos supérieurs est prise pour de l'indépendance, et comme une preuve de grandeur d'âme; et cependant de telles manifestations ne changent rien à la situation respective de chacun. La hiérarchie des rangs existe en dépit de tout ce que la bienveillance peut espérer, de tout ce que peut dire la philosophie. Que quelqu'un dise ce qu'il a gagné à mépriser ou dédaigner ceux qui sont au-dessus de lui. Le mauvais vouloir de ceux qui sont plus puissans que lui ne peut lui être d'aucune utilité. Quand même la bienfaisance ne l'engagerait pas à éviter l'infliction d'une peine inutile, une sollicitude prudente pour son propre bien-être lui recommanderait de s'abstenir.

En général, il faut par supérieurs entendre les supérieurs en pouvoir; et conséquemment, de la part des personnes qui sont considérées comme leurs inférieurs, il existe à leur égard un degré correspondant de dépendance. Relativement à la conduite que les inférieurs doivent tenir à l'égard de leurs supérieurs, les uns et les autres envisagés sous le point de vue de leurs situations respectives, l'erreur dont nous avons parlé est fréquemment commise. Elle n'est pas moins préjudiciable à la bienfaisance qu'à la prudence; et il est à craindre qu'elle ne s'arrête pas à l'infraction de ces vertus négatives, mais qu'elle passe à la violation des vertus positives qui leur correspondent. Il est des hommes qui attachent une sorte de mérite à refuser à leurs supérieurs des marques de considération qu'ils ne refuseraient pas à leurs égaux ou à leurs inférieurs. A ce mérite prétendu se rattache plus ou moins de vanité personnelle; on se félicite de sa fierté, de son indépendance; mais s'il n'y a aucun mérite à enfreindre les lois d'une seule vertu, il y en a moins encore à ajouter à cette infraction celle des lois de la prudence personnelle.

Sous ce rapport, la présence ou l'absence des

tiers, dans l'occasion dont il s'agit, peut modifier beaucoup la question.

C'est lorsque des tiers sont présens, que cette espèce de fierté est plus apte à se produire.

Cependant, cela dépendra de la disposition d'esprit des personnes présentes. Il peut arriver que l'individu en question gagne dans leur opinion, ou dans l'opinion de quelques-unes d'entre elles, et que cette manifestation d'indépendance leur donne une haute idée de son caractère. S'il en est ainsi, ce qu'il perd dans l'affection et dans l'estime de son supérieur, il le regagne, peut-être même avec bénéfice, dans l'estime des individus présens. Dans ce cas, il y a entre les deux vertus une sorte de conflit. Les prescriptions de la bienfaisance sont négligées; celles de la prudence, de la prudence personnelle sont consultées et obéies, et le sacrifice qu'une vertu fait à l'autre profite au bonheur de l'individu.

Dans le second cas, dans le cas où il n'y a personne de présent à cette manifestation de fierté, l'acte d'imprudence ainsi commis prendra habituellement sa source dans la mauvaise humeur et la colère. La passion anti-sociale étouffe la voix des affections personnelle et sociale réunies : un acte de folie devient à nos yeux un acte méritoire : nous nous imaginons faire preuve de force, lorsque, en réalité, nous ne faisons preuve que de faiblesse.

Un autre cas, qui n'est pas absolument impossible et sans exemple, c'est lorsque, par cette manifestation d'hostilité dans une occasion où la déférence est plus opportune et plus générale, l'inférieur espère gagner dans l'opinion de son supérieur; et il est même possible que cette espérance ne soit pas déçue. Mais l'expérience est hasardeuse, et pour réussir, elle exige une habileté et une attention peu communes.

On conçoit l'idée d'égalité aussi facilement que celle de supériorité et d'infériorité; elle est la négation de ces deux dernières.

Mais son existence entre deux personnes quelconques ne peut être démontrée ou constatée avec précision.

Supposons, par exemple, qu'elle soit constatée entre vous et un autre individu quelconque. La préférence personnelle fera que vous vous estimerez plus que lui; lui, plus que vous.

Cette différence, donc, il importe que vous ne la perdiez jamais de vue, pas plus en ce qui regarde la bienfaisance, qu'en ce qui concerne la prudence personnelle.

II.   14

Néanmoins, cette différence est moins grande dans les classes qui ont moins de motifs d'émulation que dans celles qui en ont de puissans; dans la classe des artisans par exemple, que dans les professions libérales.

La supériorité et l'infériorité se supposent mutuellement. L'une n'aurait pas lieu sans l'autre.

Mais pour que la supériorité ou l'infériorité présentent à l'esprit une idée positive, il faut les associer à quelque objet, bon en lui-même, ou réputé bon, et capable d'éveiller le désir. La quantité différente dans laquelle ce bien sera possédé par différentes personnes, constituera les divers degrés de l'échelle de supériorité ou d'infériorité, relativement au bien en question.

Nous avons indiqué l'une des formes sous lesquelles la supériorité se présente le plus manifestement à l'esprit; c'est celle du pouvoir. Cette supériorité est facilement comprise, bientôt établie, et étend au loin son influence.

Prenons pour exemple la dépendance où est l'enfant à l'égard de sa mère, et le pouvoir qu'elle exerce sur lui. Ce pouvoir commence avec la vie de l'enfant; il est absolu, sans limites; il a même précédé son existence; tout dans l'enfant, jusqu'à son être, dépend de sa mère.

Le pouvoir qu'elle exerce ne peut appartenir qu'à elle. Nul enfant ne peut naître sans une mère; l'existence d'une mère implique l'existence d'un enfant déterminé; la position de la mère est celle d'une supériorité extrême, et d'un pouvoir absolu sur l'enfant; la position de l'enfant, celle d'une infériorité extrême, et d'une dépendance absolue de la mère.

Le rapport de la mère à l'égard de son enfant, quoique moins fréquemment cité que celui du père à l'égard de son fils, est néanmoins un exemple beaucoup plus complet de la supériorité primitive, nécessaire, absolue. On ne peut assigner avec une certitude positive, irrécusable, à tel homme, la paternité de tel enfant déterminé. Il est dans la nature des choses que les rapports du père avec son enfant réel et supposé, soient moins intimes que ceux de la mère.

Sir Robert Filmer, dont le nom ne nous est connu que parce qu'il eut Locke pour antagoniste dans la partie politique du domaine de la morale, Filmer présenta la puissance nécessaire et absolue du père sur ses enfans, comme le fondement, l'origine et la cause justificative du pouvoir monarchique dans l'état politique. Il aurait pu, avec plus de raison, considérer le pouvoir absolu de la femme comme la seule forme légitime de gouvernement.

Dans le royaume africain des Aschantes, le roi a pour successeur l'aîné des enfans mâles de sa sœur aînée. Si la certitude que l'héritier de la couronne est le plus proche parent du monarque décédé constitue un droit de succession convenable et efficace, il faut avouer qu'en Afrique les conseillers de la monarchie noire se sont montrés et se montrent encore plus sages que ne le sont en Europe les conseillers de nos majestés blanches.

L'échelle de comparaison par laquelle on peut mesurer la supériorité, l'égalité et l'infériorité, embrasse nécessairement une grande variété d'objets, et peut se diviser en raison des qualités qui distinguent la situation d'un homme de celle d'un autre, ou en raison de ces qualités elles-mêmes; qualités utiles à nous-mêmes, ou utiles aux autres; qualités naturelles ou acquises, ces dernières subdivisées en celles qu'un homme peut se procurer par lui-même, et celles qu'il ne peut obtenir que par le concours d'autrui; enfin, qualités du corps, et qualités de l'esprit. Dans la possession de ces qualités, de chacune ou de toutes, il n'est presque pas

d'homme qui, sous quelque rapport, ne diffère
des autres. Différentes personnes peuvent posséder ces qualités dans la même quantité; mais leur
distribution n'est jamais égale ; et l'un des principaux charmes du commerce social provient de
la variété infinie dans laquelle ces élémens divers sont répartis entre différens individus. Un
homme peut se distinguer par sa sagesse en matières générales, par un jugement sain en toute
chose, ou par une sagesse spécialement appliquée à certains objets déterminés. Un homme
peut se faire remarquer, quoique le cas soit
rare, par l'universalité de ses connaissances; mais
dans plus de neuf cents cas sur mille, ce seront
ses travaux ou ses connaissances dans quelque
branche particulière d'études, qui manifesteront
sa supériorité sur un autre homme, ou sur les
hommes en général. Ainsi, un inférieur placé à
l'égard de son supérieur dans cette vague dépendance que donne l'anticipation d'une utilité à
venir, peut fonder cette utilité sur l'une des
qualités dont nous venons de parler, ou sur
l'une des diverses branches dans lesquelles elles
se divisent.

Parmi les sources déterminables de supériorité ou d'infériorité de position, on peut placer
avant tout, l'âge, la fortune, le rang et la puissance politique.

Les différences d'âge peuvent facilement se constater, et, dans certains cas, elles dominent toute autre distinction. Par exemple, la puissance de la nourrice sur l'enfant, quelque illustre que soit sa naissance, quelque riche que soit sa famille, est presque illimitée. En général, on peut remarquer que la supériorité conférée par l'âge est fréquemment exagérée, ou plutôt, qu'on ne prend pas assez en considération les parties morales dans lesquelles l'avantage appartient évidemment à la jeunesse. Le temps, par les enseignemens qu'il donne, perfectionne d'ordinaire les facultés intellectuelles, du moins jusqu'à une certaine période de l'existence; mais on ne pourrait en dire autant des inclinations bienveillantes.

Si le temps amène à sa suite l'expérience, donne au jugement plus de calme et de maturité, s'il augmente nos forces intellectuelles, la jeunesse de son côté présente des qualités vertueuses d'un haut prix, que de longs jours ne tendent malheureusement pas à fortifier; car la jeunesse est le temps des affections généreuses, des sympathies chaleureuses et ardentes, du zèle et de l'activité. Des difficultés contre lesquelles une intelligence plus mûre eût conseillé de ne pas lutter, il arrive quelquefois à la jeu-

nesse de les vaincre, parce qu'elle n'a pas aperçu
toute la grandeur de l'obstacle. Et puis, la jeunesse a devant elle un plus long avenir de récompenses et de châtimens; ses calculs sur la
reproduction des peines et des plaisirs s'étendent dans un champ plus vaste; sa sensibilité
est plus vive, ses espérances plus brillantes;
elle a plus à gagner et à perdre; ses destinées
ne sont pas fixées, mais dépendent en grande
partie de la direction qu'elle-même leur imprimera.

C'est des hommes nouveaux que les progrès
importans doivent venir. Les honneurs ne les
ont point blasés; quelques grains de gloire sont
pour eux un festin exquis.

Les distinctions de fortune peuvent se mesurer facilement dans l'échelle de la supériorité et
de l'infériorité. Une pièce d'or aux mains d'un
insensé n'est pas un instrument de la même
valeur que si elle est aux mains d'un sage;
mais dans l'application du critérion de la richesse, le fou et le sage sont sur la même ligne.
Néanmoins, la richesse, considérée du point de
vue de l'utilité, n'est que l'un des nombreux
moyens de puissance, le moyen de posséder ce
qui est un objet de désir; et de sa distribution
plus que de son application dépend la quantité

de plaisir ou de peine qu'elle nous fait acheter ou éviter.

Il règne au sujet de la richesse un grand nombre d'erreurs, dont plusieurs laissent dans l'esprit des impressions fausses en ce qui concerne sa valeur et son usage. La richesse n'a de valeur qu'autant qu'elle est un instrument de puissance; et la possession du pouvoir, tant qu'il n'est pas exercé, compte pour peu de chose dans le budget des peines et des plaisirs : sa valeur dépend de son exercice. Il n'est pas plus vrai de dire que l'argent est la source de tout mal, que de dire qu'il est la source de tout bien. C'est vouloir donner à une vérité mêlée de beaucoup d'erreurs toute l'autorité d'un axiome incontestable. Sans doute que toute conduite coupable prend sa source dans quelque désir, et que l'argent est le moyen de satisfaire une grande portion de nos désirs. Mais de même qu'il est beaucoup de peines que la présence ou l'absence de l'argent ne peut ni créer, ni éloigner, ni même affecter; de même il y a des plaisirs auxquels ne peut atteindre la richesse la plus illimitée.

Le rang, indice de la prospérité, doit, comme la richesse, être évalué en raison de son degré d'influence, la différence des titres constituant différens degrés dans la position sociale. Mais pour apprécier la supériorité d'influence qu'un homme possède, les qualités morales et intellectuelles doivent entrer en ligne de compte. Comme règle de conduite, la prudence extra-personnelle exige, dans presque tous les cas, que nous nous conformions à ces habitudes de déférence qu'on a coutume d'accorder au rang. Il est des cas exceptionnels où la prudence personnelle s'unit à la bienveillance pour empêcher cette prostration pénible à celui qui l'accorde, et pernicieuse à celui qui la permet ou l'exige.

Le pouvoir politique implique des moyens d'action dans une sphère d'influence plus vaste. Il met l'homme à même de disposer d'une plus grande portion de bien et de mal qu'il ne le pourrait avec toute autre nature de pouvoir. Et la prudence ordonne que la conduite soit dirigée en vue de cette quantité additionnelle de bonheur et de malheur dont le pouvoir politique dispose.

Dans nos rapports avec nos supérieurs, la prudence nous recommande une attention particulière à ces menus témoignages de respect que, dans un rang élevé, on a coutume d'attendre. On est quelquefois indulgent pour les grandes fautes, rarement pour les petites. Il est

beaucoup d'hommes puissans qui pardonneront
volontiers une erreur ; il en est peu qui par-
donnent une inattention. Dans le monde, la
pensée des hommes est beaucoup moins occupée des choses importantes que des choses fu-
tiles. Pour quiconque habite les régions sociales privilégiées, l'observation et l'appréciation
des usages de la bonne société, de la morale
usuelle, est familière et facile. Aussi est-il rare
que leur violation reste cachée et impunie.

Parmi les enseignemens de la prudence extra-
personnelle, celui qui nous apprend à supporter
l'insolence des hommes du pouvoir, n'est pas
le moins important. Comment ôter à cette insolence ce qu'elle a de déplaisant et de pénible ?

Supposez que vous avez affaire à un soliveau,
ou à un quartier de granit ; assurément l'expression de votre ressentiment dans ce dernier
cas ne vous servirait pas à grand' chose : elle ne
vous servirait pas plus dans l'autre. Seulement,
dans le dernier cas, aucun mal ne peut résulter
pour vous de cette manifestation irascible; dans
l'autre au contraire, il peut en résulter un
mal indéfini.

Si votre position sociale vous permet de résister avec succès à la tendance qu'ont les hommes
du pouvoir de nous importuner de l'étalage de

leur autorité, il peut résulter de cette résistance
à leurs prétentions quelque chose d'utile. Mais
si, par cette manifestation courageuse, vous ne
pouvez servir ni vous-même, ni les autres, il
vaut mieux ne point entamer une lutte sans but.
Épargnez-vous des tourmens, en empêchant que
vos passions irascibles ne poussent votre susceptibilité à se manifester ouvertement par des marques extérieures de mécontentement. Songez que
la possession du pouvoir dans les mains des
autres est un moyen de plus de vous nuire, et
ayez soin de ne pas leur en donner l'occasion.

XIV.

BIENVEILLANCE EFFECTIVE-NÉGATIVE.

———

Le terme composé de « bienveillance effective » a été adopté faute d'un mot unique impliquant l'union de la bienveillance et de la
bienfaisance. Ces dernières opèrent, soit en ar-
rêtant, soit en excitant l'action. Leur nature
est ou restrictive ou instigative. La bienveillance
effective qui exige l'abstinence d'action est la
première qui réclame notre attention. Il est

un grand nombre d'actes qui, lorsqu'ils sont interdits par la bienveillance effective, le sont évidemment par des considérations de prudence. Et quand il y a alliance visible entre la prudence et la bienveillance, la ligne du devoir n'est pas douteuse; mais les faux calculs de l'intérêt personnel empiètent si fréquemment sur les droits de la bienveillance, il arrive si souvent que nous sacrifions le bonheur des autres dans la croyance erronée que ce sacrifice est utile à notre bonheur, que la première et la plus importante tâche du moraliste consiste à établir l'harmonie entre le principe égoïste et le principe bienveillant, et à démontrer qu'une juste sollicitude pour la félicité d'autrui est le meilleur et le plus sage moyen d'assurer le nôtre.

La bienveillance effective-négative consiste uniquement à éviter de faire du mal à autrui.

Mais, du mal fait à autrui, une partie tombe sous la juridiction de la loi; le reste est abandonné à l'action de l'opinion, avec ses sanctions diverses ou ses instrumens de peine et de plaisir.

Dans le mal qu'un homme fait à un autre, il y a molestation, et la molestation est passible ou non passible des peines légales.

Il est évident que cette division n'est pas naturelle, mais factice. La ligne de démarcation

change avec les temps et les lieux. Dans différens
pays, des lois différentes attachent aux mêmes
actes des conséquences diverses. Ce que la législa-
lation d'un peuple sanctionne, la législation d'un
autre le passe sous silence ou le prohibe. Dans
le même pays, le même acte a été, à différentes
époques, récompensé, permis ou puni. La molestation dont la loi connaît s'appelle dommage,
dommage personnel.

Mais le mal que nous nous proposons d'empêcher est *celui-là* et *celui-là seul* qu'un homme
a le pouvoir de produire sans encourir aucun
châtiment légal.

Ce serait un important service rendu à l'humanité qu'un ouvrage spécialement destiné à
recueillir et à signaler les maux et les molestations auxquels les hommes sont exposés, et que
la loi ne punit pas. Un manuel de ce genre four-
nirait une grande masse d'instruction morale
pratique dont on pourrait tirer bon profit dans
les choses de chaque jour.

Si des ouvrages qui nous offrent le tableau des
malheurs des hommes dans un but, soit de sympathie, soit de ridicule, on extrayait avec soin
tous les faits de molestation et de souffrance
produits par les actes d'autrui, et qu'on eût
épargnés rien qu'en s'abstenant, un tel recueil

pourrait devenir le manuel de la vertu d'abstinence.

Ces maux pourraient comprendre deux divisions. L'une se composerait de ceux dont l'infliction ne produit ou n'est destinée à produire
aucun avantage positif à leur auteur. Ceux-là
prennent leur source dans l'une ou l'autre de
ces deux causes : 1°. l'antipathie ou la méchanceté ; 2°. le plaisir de mal faire.

L'autre comprendrait des cas où l'auteur du
mal trouve ou se promet dans sa production un
avantage positif quelconque.

A cette classe peut s'en rattacher une autre,
composée des cas où l'individu exerce ou est supposé exercer une supériorité quelconque à l'é-
gard et aux dépens de sa victime.

De telles investigations, conduites dans un
esprit de bienveillance et d'instruction, feraient
sans doute découvrir de vastes régions de peines
où l'on pourrait déraciner bien des maux et semer bien du bonheur.

A combien de petits plaisirs l'intervention
inopportune des tiers n'est-elle pas funeste ! Combien sont immolés à l'ascétisme, au mauvais
vouloir, à la moquerie, au mépris du premier
venu ! Combien les qualités dissociales ou l'étourderie d'un témoin peuvent aggraver les contra-

riétés les plus légères ! A la fin de la journée, que de bonheur perdu par la négligence de ces élémens minimes qui le composent ! Quel total considérable forme la réunion de toutes ces particules de peines que la seule insouciance a produites !

Un temps viendra peut-être où toutes ces sources de maux seront recherchées, groupées d'après leurs signes caractéristiques, démontrées par des exemples, et leur incompatibilité avec la vertu rendue si notoire que l'opinion se chargera de les extirper, l'opinion, dont le moraliste a principalement pour mission d'augmenter les lumières et l'influence.

Les règles générales de la bienveillance peuvent se résumer ainsi :

1°. Ne faites de mal à personne, sous quelque forme ou dans quelque quantité que ce soit, si ce n'est en vue de quelque bien plus grand, spécial et déterminé.

En moins de mots,

Ne faites le mal qu'en vue d'un plus grand bien.

2°. Ne faites jamais le mal par ce seul motif qu'il est mérité.

Ces deux branches de la morale correspondent

à la classe des délits positifs et négatifs qui rentrent sous l'empire de la loi.

Il y a délit négatif, quand on s'abstient d'empêcher un acte qui, étant commis, constitue un délit positif. C'est un délit d'abstinence; c'est laisser faire un mal que notre intervention eût empêché.

Un délit positif est l'infliction directe d'un mal.

Dans les deux cas, le délit consiste dans la ligne de conduite qui laisse après elle un excédant de mal.

Il y a en moi bienfaisance négative, quand je m'abstiens à dessein de faire ce qui causerait du mal à autrui.

Ma bienfaisance a pour cause, ou du moins pour compagne la bienveillance, lorsque j'apprécie le mal en question, et qu'il y a en moi désir et effort efficace pour éviter de contribuer à la production de ce mal.

Il sera utile, pour pratiquer la bienfaisance et la bienveillance négative, d'avoir présentes à la pensée les diverses sources dont il peut résulter du mal pour autrui. Ces sources ou motifs peuvent être classés de la manière suivante:

1. L'intérêt personnel en général, et plus spécialement l'intérêt des sens et l'intérêt de domi-

nation; le premier ayant pour mobile les jouissances corporelles, l'autre le pouvoir.

2. L'intérêt de la paresse, qui correspond à
l'amour du repos, à l'aversion pour les travaux
de l'esprit et du corps. Dans ce cas, la cause du
mal peut s'exprimer par un seul mot, tel que
ceux de négligence, insouciance, inadvertance,
indifférence, etc.

3. L'intérêt de faire parler de soi, qui correspond aux plaisirs et aux peines de la sanction
populaire ou morale, et qui comprend l'intérêt
affecté par les blessures infligées à notre orgueil
ou à notre vanité.

4. L'intérêt de la malveillance, qui correspond
au motif qu'on nomme mauvais vouloir ou antipathie.

Le mauvais vouloir ou l'antipathie, considéré
sous le point de vue de sa source ou de sa cause,
peut se subdiviser ainsi :

1. Le mauvais vouloir ou l'antipathie de riva-
lité. C'est l'opposition des intérêts en ce qui
concerne l'intérêt personnel en général.

2. Le mauvais vouloir provenant du dérange-
ment qu'on nous cause, du surcroît d'occupation imposé à notre esprit par l'individu objet
du mauvais vouloir ainsi produit. On peut l'appeler affection anti-sociale.

3. Le mauvais vouloir provenant de l'orgueil ou de la vanité blessée; quand nous éprouvons les peines de la sanction morale ou populaire, et que nous les attribuons aux actes, aux habitudes, aux dispositions d'un autre.

4. Le mauvais vouloir ou l'antipathie ayant sa source, sa source immédiate dans la sympathie, la sympathie pour les sentimens d'une personne à qui nous croyons qu'une autre personne, devenue de notre part l'objet de cette affection anti-sociale, inflige ou infligera plus ou moins probablement un dommage quelconque.

5. Le mauvais vouloir excité par la différence d'opinion. Dans ce cas, l'intérêt affecté se compose des intérêts qui correspondent respectivement à l'amour du pouvoir, ainsi qu'à l'amour des plaisirs et à l'aversion pour les peines de la sanction populaire et morale. Dans l'homme dont les opinions sur un point, un principe ou un système important, sont diamétralement opposées aux miennes, je vois un homme qui ne peut avoir pour moi l'estime ou l'affection que je puis trouver dans l'opinion contraire; je vois un homme dans lequel mon amour du pouvoir ne trouvera pas le concours et la satisfaction qu'il trouverait si je pouvais faire que cet homme abandonnât son opinion et adoptât la mienne;

je vois un homme qui m'expose à éprouver la
peine résultant du sentiment de ma propre faiblesse intellectuelle; car plus grand est le nombre des personnes qui professent une opinion
contraire à la mienne, plus il est probable que la
mienne est erronée.

Parmi les souffrances qu'éprouvent les autres
par suite de notre conduite à leur égard, la plus
grande partie ne nous rapporte aucun profit, de
quelque espèce que ce soit. Les intérêts personnels ne gagnent rien qui puisse former contre-
poids à la peine que nous avons fait naître. La
seule justification des molestations infligées à
autrui serait l'obtention de quelque avantage
pour nous-mêmes; et la justification ne peut être
complète qu'autant que l'avantage obtenu est
manifestement plus grand que la peine infligée.

De là, cette règle d'application générale : Ne
faites rien qui, dans votre opinion, puisse, de
quelque manière que ce soit, faire éprouver la
moindre peine à un individu quelconque, à moins
que quelque avantage évident, spécial et prépondérant, soit pour vous, soit pour un autre ou
d'autres individus, ne doive être le résultat certain de votre action.

Cette question de savoir si les peines ou les
plaisirs d'autrui sont compromis, demande la

plus stricte investigation ; car, ôtez à un individu les peines et les plaisirs qu'il possède, qu'il se rappelle ou qu'il espère ; ôtez-lui ces élémens dont se compose sa vie, et cette vie n'a plus aucune valeur à ses yeux.

Même en plaisantant, ne faites ni ne dites rien qui puisse causer une peine à autrui ; c'est puiser sa gaîté à une triste et indigne source.

Et lorsque ce motif même n'existe pas, lorsque l'action qui produit la peine n'est que le produit de la méchanceté, est-il rien au monde de plus intolérable ?

Quoique la sensibilité des hommes soit plus ou moins vive, et que les mêmes actes qui ne causeraient que peu de souffrance à certains individus, puissent en causer plus, et même beaucoup à certains autres, le meilleur moyen d'évaluer convenablement la somme de souffrance infligée, c'est de se mettre à la place de la victime. Figurez-vous dans sa position, supposez que c'est à vous que les peines sont infligées, et évaluez-en l'intensité et la somme.

Plus vous aurez accoutumé votre pensée à peser les différentes classes de peines et de plaisirs, mieux vous connaîtrez leur valeur, plus votre jugement acquerra de justesse dans toutes les questions de morale où leur intervention est inévitable.

Mais la bienveillance, soit négative, soit positive, admet des *exceptions* dans certains cas qu'une prépondérance, soit de bien, soit de mal, fait sortir des occurrences ordinaires.

Afin donc d'éviter de produire, par ignorance, un mal prépondérant, la *circonspection* est nécessaire.

Deux *guides* aideront la circonspection à éviter une conduite pernicieuse.

Un guide direct est dans l'indication ou la création de la peine.

L'indication ou la création du plaisir est un guide indirect.

Le guide indirect, quand il est possible, est préférable; car il confère du plaisir aux deux parties, et a plus de chances d'efficacité.

Les *modes* de satisfaction et de molestation sont au nombre de deux :

L'un physique, agissant sur les organes du corps.

L'autre mental, agissant sur l'esprit, par les impressions.

Les *occasions* d'action et d'abstinence bienveillante, sont :

Accidentelles ou permanentes.

Les occasions permanentes sont :

Domestiques ou extra-domestiques.

Les occasions domestiques se subdivisent en celles de la parenté, qui commencent à l'origine des relations sociales, et ne se dissolvent que lorsque la mort met un terme à ces relations; celles qui existent entre les maîtres et les serviteurs, ou entre le maître d'une maison et ses hôtes, lesquelles commencent et finissent à la volonté soit de l'une ou de l'autre des parties, soit de toutes deux.

Les instrumens par lesquels la bienveillance effective manifeste son existence, sont les paroles et les actes; les paroles dans le discours parlé ou écrit; les actes qui influent sur les peines ou les plaisirs d'autrui.

Les motifs que nous avons développés au sujet des prescriptions de la prudence extra-personnelle se reproduisent à notre examen pour la bienveillance effective. Leurs nécessités sont en beaucoup d'occasions les mêmes; leurs intérêts heureusement identiques.

Cependant il est un sujet que nous avons déjà traité, et sur lequel il nous reste peu de choses à dire. Dans la région de la pensée, de la pensée improductive d'actions et considérée isolément des actes, la prudence a bien des lois à prescrire; car les pensées exercent une grande influence sur les actes.

Mais tant que les pensées ne deviennent pas des paroles ou des actes, elles ne concernent point autrui; elles ne rentrent pas dans le domaine de la bienveillance effective. Toute invasion dans leur sanctuaire est une usurpation. Si des pensées ne font de mal ni à vous, ni à autrui, de quel droit vous en occuperiez-vous? Si elles font du mal, elles doivent se manifester sous quelque forme nuisible. Il faut qu'elles trouvent une expression, qu'elles deviennent des actes.

C'est donc dans les paroles et dans les actes qu'il faut se renfermer, en recherchant les prescriptions de la bienveillance effective; et d'abord il convient d'examiner ce qu'exige dans le discours la bienveillance effective négative.

La règle générale qui veut que nous nous abstenions de l'infliction de toute peine inutile, inutile à l'éloignement d'une peine plus grande, ou à la production d'un excédant de plaisir, doit être adaptée aux différens cas, selon la manière dont ils se présentent. La grande loi morale est péremptoire: sauf les exceptions, n'infligez point de peine. La mission du législateur et du moraliste est de rechercher, de produire et de justifier les exceptions.

Les instructions suivantes ont pour objet
d'empêcher le déplaisir produit par le discours,
lorsque ce déplaisir, dans ses résultats généraux,
serait inutile ou pernicieux. Et avant tout,
comme précepte fondamental :

Considérez s'il y a probabilité que les paroles
dont vous allez faire usage causeront du déplaisir à ceux à qui vous les adresserez, ou à qui
elles pourront être rapportées.

Le discours est transmis par des signes fugitifs
ou permanens; quand fugitifs, communément
par la parole; quand permanens, d'ordinaire par
l'écriture ou la presse.

Le discours parlé étant le plus simple, et le
seul mode originairement en usage, commen-
çons par celui-là. Et d'abord supposons que les
idées, ainsi exprimées, ne soient communiquées
qu'à une seule personne. Cette personne peut
être ou présente quand le discours est prononcé,
ou absente.

Si, parmi ses effets probables, est celui de
produire du déplaisir, examinez ensuite si, dans
la balance du bien et du mal, en compensation
du déplaisir ainsi produit il ne peut pas arriver
que du bien soit produit sous une forme ou
sous une autre, lequel excéderait en valeur le
déplaisir en question.

Ou, pour parler avec plus de précision, si le discours doit avoir le déplaisir pour effet probable, voyez si ce déplaisir ne peut être compensé par un bien plus grand et plus qu'équivalent. En ce cas, vient l'examen des *causes justificatoires*, autorisant la production du déplaisir par la voie du discours.

De même lorsque le déplaisir d'autrui doit être le résultat probable du discours, vous devrez compter parmi les effets qui accompagneront ce déplaisir, la colère, dont vous seriez l'objet, et que vous pourriez exciter contre vous.

C'est faute de faire suffisamment attention aux causes particulières qui peuvent faire du discours une source de peines, qu'il arrive souvent qu'une quantité indéfinie de souffrance est produite par la parole, lors même que celui qui parle n'en retire qu'une bien faible somme de plaisir. Des paroles inconsidérées peuvent souvent causer des souffrances plus grandes que la malveillance elle-même ne serait disposée à en infliger. L'inattention peut créer des peines plus intenses que ne le ferait la haine; et la légèreté être plus funeste que l'immoralité.

Dans tous les cas cependant, pour qu'un homme cause de la peine à un autre, il faut qu'il y soit porté par un motif de plaisir, quelque faible qu'il soit.

Quant au mal gratuit, il est impossible. Car il ne se fait, il ne peut se faire aucun mal, si ce n'est en vue d'un bien. Ce bien est à son minimum quand vous faites du mal à un homme par mauvais vouloir, sans en retirer d'autre bien que la satisfaction de votre mauvais vouloir. Si vous avez éprouvé un dommage de la part de l'individu en question, et si c'est en vue de ce dommage que vous agissez, cette satisfaction s'appelle vengeance.

Mais quelque immense que puisse être le mal ainsi produit par vous, quelque faible que soit la satisfaction que vous en retirez, cependant le but qui a motivé votre action n'est pas un mal, mais un bien.

Pour faire du bien à un homme, le mal que vous dites ne doit pas se dire de lui, mais bien à lui, à moins que dans ce que vous dites de lui votre intention ne soit d'attirer sur lui, pour son bien, les châtimens des sanctions politique ou populaire.

En supposant toujours que le mal en question ne puisse être produit à moindre frais, les causes justificatoires, c'est-à-dire celles qui justifient la production du mal, sous quelque forme que ce soit, et par conséquent sous celle-là, sont les suivantes :

1°. La production d'un bien prépondérant pour celui qui prononce les paroles d'où doit naître le mal.

2°. La production d'un bien prépondérant pour la personne à qui l'on parle, ou de qui l'on parle, et à qui on fait ainsi du mal.

3°. Un bien prépondérant pour toute autre, ou toutes autres personnes quelconques.

4°. Un bien prépondérant pour la société en général.

Cette dernière hypothèse se présente lorsque dans l'infliction d'un déplaisir, celui qui l'inflige agit en sa qualité de membre du tribunal de l'opinion publique, appliquant la force de la sanction morale et populaire.

Mais il y a une distinction à faire entre le cas où il n'y a d'autres personnes présentes que celle à qui le déplaisir est infligé, et celui où d'autres individus sont présens à cette infliction. Abstraction faite de toute relation particulière entre les personnes présentes et l'une des deux parties, plus grand sera le nombre des témoins, plus grand sera le déplaisir produit.

Ne perdez donc jamais de vue la nécessité de minimiser la souffrance; et si le langage que la

bienveillance vous impose peut remplir le but
désiré, adressé à l'individu en l'absence de toute
autre personne, c'est en leur absence que vous
devrez le lui adresser. Si la présence de tiers est
indispensable à l'effet que vous vous proposez,
que le nombre des personnes présentes soit celui
qui est strictement nécessaire pour produire cet
effet.

Dans l'exercice de l'autorité domestique,
comme aussi de l'autorité publique officielle-
ment exercée, c'est-à-dire comme dépositaire
de la sanction politique, il peut se présenter des
motifs légitimes et convenables pour l'infliction
de peines par la parole, lesquels étant isolés
de cette autorité ne seraient plus justifiables ; et
comme membres du tribunal de l'opinion publique, comme dispensateurs de la sanction populaire, la bienveillance dans la réprobation des
délits nous impose fréquemment un langage
qu'elle n'autoriserait pas s'il était adressé directement aux délinquans eux-mêmes.

Mais, dans les cas ordinaires, il est rare que
les peines infligées par la parole soient justifiables. Il ne suffit pas, à beaucoup près, de dire
que l'assertion est vraie ; que la personne à qui
la peine est affligée l'a méritée ; qu'elle est coupable, incorrigible, et que la charité vous fait

un devoir de punir son inconduite : jusqu'à ce que vous prouviez qu'il doit résulter de la peine que vous créez un bien prépondérant, tous les reproches que vous faites à votre victime, tous les éloges que vous vous donnez à vous-même, sont autant de paroles en pure perte.

Notre langage peut blesser les sentimens d'autrui de bien des manières; par exemple :

Par des réprimandes directes, soit que nous imputions à ceux à qui nous parlons une faute positive, ou que nous nous arrogions le droit de nous constituer leurs juges.

Le droit de réprimande est en lui-même une prétention positive de supériorité, prétention qui doit naturellement blesser l'orgueil et la vanité de ceux sur qui elle s'exerce. La réprimande est l'infliction d'une peine, et plus sera douteux le droit d'arbitrage et de condamnation que s'arroge celui qui se constitue arbitre et juge, plus son intérêt personnel aura à craindre de l'inimitié de celui qu'il punit. Ce sera là aussi la mesure de sa malveillance, et l'étendue de l'usurpation sera en raison de l'inutile sévérité de la réprimande.

Donner aux argumens l'appui d'une autorité despotique, c'est de l'arrogance. Il est des hommes qui, non contens d'avoir raison, semblent prendre plaisir à mettre les autres dans leur tort. Il faut que leur dogmatisme triomphe non moins que leur raison. Vaincre ne leur suffit pas, il faut encore qu'ils humilient. Ils sont gens à vous jeter par terre, bien que votre chute ne soit pas essentielle à leur succès. Non seulement ils exigent que leur antagoniste ait tort, ils veulent encore le lui faire avouer. Ils le condamnent, les autres le condamnent; leur tyrannie n'est pas satisfaite s'il ne se condamne lui-même.

Insister pour avoir le dernier mot est encore l'une des formes sous lesquelles se manifeste cette disposition impérieuse, triomphe petit et misérable qui ne sert qu'à prolonger la peine de notre adversaire, et qui l'exaspère en l'humiliant.

Elle prend aussi quelquefois la forme d'une affirmation positive et absolue, rendue encore plus offensante quand elle contredit l'opinion opposée qu'un autre a exprimée; et l'arrogance est à son comble quand l'assertion est de nature à ne pouvoir être appuyée de preuves. Un homme peut affirmer qu'il a vu telle ou telle action; mais la question de savoir si cette action est un crime ou une vertu peut être une matière d'opinion, et si la question est douteuse, une affirmation péremptoire sur le caractère de l'action ne peut manquer de blesser celui qui aura exprimé une opinion contraire.

Il en est de même des assertions positives à propos de faits dont on n'a pas été témoin, et dont la preuve ne peut s'appuyer que sur des témoignages; des assertions qui, faisant abstraction de ces témoignages, ne donnent pour motif à la croyance qu'elles imposent que l'assertion elle-même. Mais nous en reparlerons.

U   décision péremptoire *avant* d'avoir donné aux autres l'occasion d'exprimer leurs convictions est une usurpation qui clot toute discussion; une décision péremptoire *après* l'expression de l'opinion d'autrui est une molestation et une offense.

Une contradiction inutile constitue une autre infraction à la bienveillance; c'est aussi une manifestation insensée; car tout en trahissant l'impuissance, elle blesse le pouvoir.

Il est une autre forme d'arrogance un peu moins molestante, mais qu'il ne faut pas moins réprimer et réprouver; on peut l'appeler *présomption*. Elle se manifeste généralement dans l'assertion pure et simple d'une prétendue vérité, sans l'appuyer d'aucune raison. Elle a la prétention d'exiger une croyance implicite.

Or si, en exprimant son opinion, celui qui

parle indiquait les preuves sur lesquelles elle se
fonde, il ne perdrait rien dans l'estime de ses
auditeurs, et il leur épargnerait le déplaisir de
l'appel inconvenant et gratuit fait à leur crédulité.

Une autre manière de montrer de la présomption, c'est d'affirmer d'une manière péremptoire les choses à venir, d'assurer positivement
que telle circonstance aura lieu. Si celui qui
parle a des informations qui lui permettent de
prédire l'avenir, il peut, sans blesser l'amour-
propre des autres, se servir de formules telles
que celles-ci : « J'ai lieu de croire que telle chose
arrivera »; « Je m'étonnerais », ou « Je ne
m'étonnerais pas que tel événement eût lieu. »

Que l'humeur impérieuse se montre en dépré-
ciant le mérite de votre interlocuteur ou en
exagérant le vôtre, sous quelque forme arro-
gante et hautaine que son penchant se manifeste, soyez sûr que l'esprit de tyrannie et d'aristocratie est là.

Elle aura pour conséquences le ressentiment
déclaré ou secret : si déclaré, des querelles s'en-
suivront contre vous; si secret, des complots
pour vous nuire.

La bienveillance nous l'interdit formellement;
ses efforts sont malfaisans pour tout le monde :

exercée avec un inférieur, c'est de la lâcheté; à
l'égard d'un supérieur, de l'imprudence.

Si vous avez rendu service à quelqu'un, n'allez pas croire que votre bienfaisance vous donne
le droit de le tyranniser. Ne détruisez pas le bien
d'une action par le mal d'une autre.

Le langage peut blesser en conseillant, lorsque le conseil ressemble à une réprimande, ou
se produit sous une forme qui implique la possession d'une autorité que l'auditeur ne recon-
naît pas. Donner un conseil, même utile, c'est
s'arroger une autorité de sagesse.

Un homme peut être dans l'erreur; mais quelque manifeste que soit son erreur, ne croyez pas
que ce soit pour vous un devoir absolu de
l'éclairer.

Si vous jugez un conseil utile, s'il y a nécessité de le donner, faites en sorte de ménager le
plus possible, en le donnant, l'amour-propre
et la vanité de la personne conseillée.

Parlez-lui plutôt seul qu'en compagnie, plutôt devant peu que devant beaucoup de témoins.

Si un homme s'est engagé dans une entreprise
qui ne peut réussir, et dont les frais lui causeraient un grave préjudice, conseillez-lui d'y
renoncer.

Sinon, évitez de lui dire quoi que ce soit qui puisse contribuer à le décourager.

Au contraire, dites-lui tout ce qui, compatible avec la vérité, vous paraît propre à l'encourager.

Offrez à sa vue les considérations qui tendent à rendre le succès probable, en évitant de produire de vous-même les considérations d'une tendance contraire; et surtout si, dans votre opinion, le succès doit être, somme toute, avantageux à lui-même et à la société en général.

Si, dans ce cas, vous présentez le succès comme improbable, vous froissez ses sentimens sans utilité possible. Si, de son côté, il croit à la probabilité du succès, il verra en vous un homme qui prétend à une supériorité de sagesse, et qui le méprise comme dupe de ses propres idées; tandis que le défaut de jugement peut se manifester aussi bien en regardant comme improbable un succès probable, qu'en le considérant comme probable lorsqu'il ne l'est pas.

On s'expose à blesser en communiquant des informations; d'abord, lorsqu'elles supposent, dans la personne informée, une ignorance générale, ou une infériorité générale de connaissances, ou une ignorance relative en ce qui concerne certains objets que, pour des raisons spéciales, cette personne devrait connaître ; et, secondement, lorsqu'elles impliquent une prétention de supériorité de celui qui parle à l'égard de celui auquel il s'adresse.

Dans tous ces cas, nous supposons toujours que, relativement à la personne qui parle, celle à qui l'on parle possède, en général, une supériorité ; ou, si elle lui est inférieure, que cette infériorité n'est pas telle qu'elle autorise cette manifestation de supériorité.

En dehors de ces cas, la communication d'informations utiles ne saurait être une faute ; car nul n'est assez éclairé pour n'avoir pas quelquefois besoin des lumières d'autrui, même de celles des ignorans.

Si vous avez à communiquer une information quelconque, évitez l'arrogance.

Spécialisez vos assertions, plutôt que de les généraliser ; mentionnez, si vous le pouvez, l'autorité ou les autorités, la personne ou les personnes qui constituent vos témoignages.

Les assertions générales ne sont que des conclusions ; des conclusions, que le jugement tire de faits particuliers, réels ou supposés. L'assentiment donné à une assertion générale suppose deux choses : une confiance illimitée dans l'aptitude suffisante de tous les témoins supposés, par l'esprit, la langue ou la plume desquels le fait a passé ou est censé avoir passé; et une confiance pareille dans la rectitude de leurs conclusions; par conséquent, dans la rectitude générale des facultés intellectuelles de ceux de qui on tient la communication dont il s'agit.

Si vous faites cette communication à un ami particulier, c'est lui témoigner un manque de confiance que de ne pas lui indiquer la personne, ou toute autre source de témoignage, dont vous tenez votre conviction. Si les convenances ne vous permettent pas de faire cette révélation, l'aveu que vous en ferez sera moins blessant que l'arrogance qui exige une créance implicite : cela prouvera quelque confiance, et non l'absence de toute confiance.

Si vous êtes séparé de votre ami par une absence permanente, ne lui faites point part de ceux de vos chagrins qu'il n'est pas en son pouvoir de soulager. Epargnez cette souffrance à sa sympathie.

La parole peut blesser par l'expression du mépris pour les opinions religieuses d'autrui. Le mépris déversé sur ceux qui diffèrent avec nous en matière de religion, n'est pas loin de la haine. Le dogmatisme des religions d'état, la foi intolérante d'églises usurpatrices, aiguisent l'arme du mépris à l'aide de la malfaisance : « Pourquoi épargnerais-je mes anathèmes à ceux que Dieu a maudits? » Pourquoi? Parce que je ne puis haïr sans souffrir, et que cette souffrance augmente avec la haine, en sorte que mon intérêt personnel m'ordonne de réprimer en moi le sentiment de la haine. Pourquoi? Parce que je ne puis haïr sans désirer punir ceux que je hais, les punir en proportion de ma haine; et, comme les manifestations de la haine doivent être nécessairement malfaisantes, ma sollicitude pour autrui m'ordonne de prohiber cette manifestation. Et ce qui est vrai de la haine, est, dans un moindre degré, également vrai du mépris. Le mépris a aussi ses peines; et, bien qu'elles soient quelquefois excédées par les plaisirs de celui qui méprise, ces dernières ne peuvent contrebalancer les souffrances produites dans l'âme de la personne méprisée.

La parole peut blesser en exprimant le mépris ou le mauvais-vouloir contre la classe ou le pays auquel l'auditeur appartient. C'est de la malveillance au premier chef, et il n'arrive que trop souvent qu'elle trouve sympathie dans ceux qu'une communauté de condition unit à la personne malveillante. C'est ce qu'on appelle ordinairement esprit de corps, nationalité, ce qu'on

décore quelquefois du titre pompeux de patriotisme; et en tant que ces sentimens impliquent
le désir et l'action de faire du bien à ceux à qui
des liens spéciaux nous lient, il n'y a rien à dire :
c'est la diffusion du principe de la bienveillance
et de la bienfaisance. Mais, du moment où leur
exercice, exclusivement dirigé dans l'intérêt du
corps, de la classe, de la nation dont nous faisons
partie, est refusé aux autres; du moment où ils
se produisent en actes et en paroles d'antipathie;
du moment où, par cela seul qu'un homme
parle une autre langue que la nôtre, vit sous un
autre gouvernement, il devient un objet de mépris, de haine et d'actes hostiles : dès-lors ces
sentimens sont malfaisans. Tel est le caractère du
toast suivant, porté aux Etats-Unis : « A notre
patrie, qu'elle ait raison ou tort », lequel équivaut à une proclamation de malfaisance universelle, et, appliqué à la lettre, pourrait ouvrir au
crime et à la folie une carrière illimitée, et amener le pillage, le meurtre, et toutes les conséquences d'une guerre injuste. Elle n'était pas
moins blâmable, cette déclaration d'un premier
ministre anglais : « Que sa sollicitude avait pour
objet l'Angleterre, et rien que l'Angleterre. »
Une philanthropie éclairée eût pu donner à ces
deux expressions une signification déontologi-

que, puisque les vrais intérêts des nations comme des individus, sont également des intérêts de prudence et de bienveillance; mais ces paroles n'avaient pour but que de justifier l'injustice, lorsqu'elle est commise par le pays que nous appelons le nôtre.

Parmi les diverses formes que revêt la supériorité, lorsque par la parole elle inflige à autrui ses molestations, il n'en est point de plus vexatoire que l'arrogance du commandement, soit pour ordonner, soit pour défendre.

Souvenez-vous en toute occasion que des paroles de bonté ne coûtent pas plus que des paroles dures.

La bonté dans le langage ne coûte rien. La dureté coûte toujours quelque chose, plus ou moins; quelquefois plus à celui qui l'emploie qu'à ceux à qui elle s'adresse. Mais chacun est tenu de prévoir qu'un langage dur doit produire les fruits de la dureté, c'est-à-dire créer la souffrance dans l'esprit d'autrui.

Le commandement qui enjoint l'obéissance peut perdre le caractère despotique que lui donne la rudesse; il peut même devenir agréable lorsqu'il est transmis dans des termes et avec des formes de bonté. Il est des hommes qui, par la délicatesse et les égards dont ils acccompagnent leurs ordres, font de l'obéissance un plaisir.

L'interrogation est souvent offensante quand elle n'a pas une demande pour objet. Il y a une manière d'interroger empreinte de tout le dogmatisme du commandement. On fait une question, et on lui donne une forme impérative. On demande une information d'un ton d'autorité. C'est une des manifestations de la hauteur. Elle est principalement exercée par les supérieurs à l'égard de leurs inférieurs ; elle est d'autant plus vexatoire qu'il y a moins de distance entre l'interrogateur et l'interrogé. Une question ayant pour objet d'obtenir une réponse, la moralité nous fait un devoir de ne point associer à cette réponse une peine inutile.

La parole peut blesser par la censure prenant la forme, soit de la désapprobation directe, soit de l'éloge donné à une conduite semblable à la nôtre, et opposée à celle de la personne censurée. A la censure joindre la réprimande, c'est assumer les fonctions de juge et de bourreau ; la diffamation, quand il n'y a de présent que la personne diffamée, est la réprimande spécialisée.

Si vous avez l'occasion de parler d'une faute commise par quelqu'un ; si, pour empêcher qu'il ne la renouvelle, ou dans quelque autre but incontestable de bienveillance, il est désirable que vous lui en parliez, fournissez-lui un moyen de se disculper; supposez, si la chose est possible, qu'il n'a fait mal que par ignorance, accidentellement et sans qu'il y eût de sa faute; supposez aussi que ce n'est qu'accidentellement qu'il vous est donné d'en savoir plus que lui à cet égard.

Évitez également d'accompagner votre censure d'expressions de mépris. Que rien dans votre langage n'annonce le désir de le dégrader ou de le rabaisser dans l'échelle sociale.

Abstenez-vous de toute parole de réprimande quand des paroles neutres pourront vous suffire. Au lieu de dire qu'un tel a voulu vous faire tort de ce qu'il vous devait, dites qu'il a paru désirer d'en éviter le paiement.

Si vous pensez qu'un homme s'est mal conduit à votre égard, ne l'accablez pas de reproches, ne lui faites même pas connaître votre pensée à cet égard, à moins que cette communication ne soit nécessaire pour éviter la répétition de l'action blâmable. Presque toujours le reproche aura meilleure grâce dans la bouche d'un tiers; car le jugement d'un tiers sera moins sujet à être influencé par l'intérêt, ou exaspéré par la passion.

Si vous êtes appelé à émettre une opinion défavorable sur des discours ou des actes que vous
désapprouvez, ne vous empressez pas d'exprimer
votre désapprobation par le seul motif que votre
amour-propre est flatté de l'appel fait à votre
jugement. Si l'influence de ce que vous désapprouvez est pernicieuse à la société, en faisant
part de votre opinion aux autres, dans la vue
d'un bien prépondérant, n'employez tout juste
que le langage nécessaire pour exprimer la
somme de votre désapprobation, ayant soin
qu'aucun motif de malveillance ne se mêle au
jugement que vous portez.

Évitez de rappeler des fautes oubliées, à moins
que ce ne soit dans un but évident de bien à venir : garder dans votre mémoire le souvenir des
fautes d'autrui, c'est enfreindre les lois de la
prudence et de la bienveillance; c'est faire de
votre âme un arsenal de douleurs pour les
autres et pour vous-même. L'expression du mécontentement pour les fautes passées, quand elle
ne se rapporte point à des fautes actuelles, et ne
peut servir à empêcher des fautes à venir, crée
un mal sans but, ou dans un but mauvais.

Si vous croyez avoir à vous plaindre d'un
homme, et de sa conduite à votre égard, et s'il
vous paraît utile de le lui faire connaître, faites

en sorte de lui rendre cette communication le moins pénible qu'il se pourra. Que votre expression ne lui donne pas à entendre que vous pensez mal de lui. Parlez-lui de manière qu'il puisse croire que vous attribuez sa conduite à une cause qui laisse peser sur lui peu ou point de blâme. Vous l'avez, par exemple, invité à venir vous voir; il n'en a rien fait; il n'a pas même répondu. Il aurait dû venir; ou du moins donner les motifs pour lesquels il n'a pas pu ou n'a pas voulu venir. Imputez sa négligence à des motifs valables. Peut-être que votre lettre ne lui est pas parvenue; ou si c'était un message verbal, peut-être le porteur l'a-t-il mal compris ou mal rendu, ou oublié; car, comme sa négligence peut être le résultat de l'une de ces causes, il n'y a pas défaut de sincérité à les supposer.

Quand la bienveillance effective exige que vous adressiez des reproches, prenez bien votre temps pour cela. Si quelqu'un a eu un tort à votre égard, évitez d'en parler dans le moment même; car tout ce que vous pourriez dire ne fera pas que ce qui a eu lieu n'ait pas eu lieu. Vos observations auraient pour effet naturel et nécessaire d'infliger à l'individu une souffrance, et de provoquer de sa part la mauvaise humeur que la souffrance fait naître.

Si le fait menace de se reproduire plus tard, alors, et seulement alors, avant que la chose ait lieu, si vous croyez votre intervention utile, le moment est venu de lui rappeler son premier tort. Vous aurez produit un effet salutaire en temps opportun, et toute la souffrance intermédiaire aura été épargnée.

Mais rappelez-vous qu'un reproche inutile a pour conséquence un mal sans mélange; mal certain et considérable dans l'humiliation de la personne réprimandée; mal probable dans la perte de son amitié et la production de son inimitié.

Ces leçons peuvent se résumer dans ce peu de mots : Ne blâmez personne, si ce n'est pour empêcher de nouvelles causes de blâme.

Interrompre celui qui parle, d'une manière directe et ouverte, c'est une manifestation de mépris et de mésestime dont il faut se garder soigneusement. C'est une offense intolérable qui change en peine le plaisir de la conversation, et qui produit assez de molestation pour provoquer même la réaction du mauvais vouloir.

L'interruption indirecte et détournée, en couvrant la voix de l'interlocuteur avant qu'il ait terminé ce qu'il avait à dire, est un autre mode de molestation; la tentative seule est une offense; si elle réussit, c'est de l'oppression.

Quand, par une semblable interruption, le fil du discours a été une fois rompu, il n'est souvent plus possible de le renouer. Celui qui a une voix forte peut ainsi rendre virtuellement muet celui dont la voix est plus faible; ce dernier est tenu dans un véritable état d'oppression, et l'autre se trouve par là privé de tous les avantages qu'il aurait pu retirer de sa conversation.

Quitter votre interlocuteur avant qu'il ait achevé ce qu'il avait à dire, est une des infractions aux lois du savoir-vivre qui rentrent dans le domaine de la prudence d'abstinence. Il faut que la présence de l'auditeur soit ailleurs bien urgente, pour qu'il soit autorisé à quitter celle de son interlocuteur. On doit aussi blâmer, quoiqu'à un moindre degré, les manifestations d'impatience, par paroles ou par gestes, pendant une conversation que la morale usuelle prohibe, en exceptant toujours les cas où il y a un bien prépondérant à opposer à la molestation ainsi produite.

Affecter le dédain tandis qu'une autre personne parle, c'est encore une manifestation de mépris.

Entendre ce que quelqu'un vous dit, et n'en tenir aucun compte, c'est une infraction aux lois du savoir-vivre, que pardonne difficilement l'opinion publique; cette inattention est plus offensante encore, quand quelqu'un vous demande de ne pas faire telle ou telle chose, et que, sans vous occuper du vœu qu'il exprime, vous continuez à la faire. C'est de la malveillance, non négative, mais positive; la bienveillance négative vous porterait à vous abstenir.

Un mode de molestation qui n'implique pas nécessairement usurpation de supériorité, est l'acte direct ou virtuel de s'enquérir des affaires privées de la personne à qui l'on parle. Des questions de cette nature créeront certainement une peine. Dans les cas ordinaires, s'il y avait utilité définitive à faire connaître la chose, cette communication serait spontanée. A tout événement, le droit de juger de son utilité appartient à la personne interrogée, non à celle qui interroge. La question crée une peine pour le questionneur, si l'information qu'il demande lui est refusée; une peine pour son interlocuteur, s'il la donne avec répugnance; et la plupart du temps, une peine pour tous deux. Et lorsque le résultat probable doit être une peine pour l'un ou pour l'autre, il y a motif de s'abstenir de faire la question.

Évitez d'affliger par la communication d'informations désagréables, pénibles ou inutiles.

L'exception générale s'applique, lorsque la peine ainsi causée doit être excédée par le bien que l'information produira. Les personnes à qui ce bien doit revenir sont : 1. Celle à qui l'information est transmise. 2. Celle par qui elle est transmise. 3. Des tiers, quels qu'ils soient.

Si l'on a lieu de penser que l'information ne peut faire de bien à aucune des personnes de l'une de ces trois classes, c'est évidemment le cas d'appliquer la règle d'une manière absolue. Cette communication serait contraire à la bienveillance et à la bienfaisance. Mais si des cas se présentent dans lesquels le mal résultant de l'information doit être contrebalancé d'autre part, par un bien quelconque; par exemple, lorsque la communication d'une nouvelle désagréable est nécessaire à l'adoption de certaines mesures d'une importance prépondérante; lorsque la peine causée par la communication empêche une peine plus grande; lorsque celui qui fait la communication a pour but l'accomplissement de quelque objet important, ou quelques

services importans à rendre à des individus ou à
la société en général; dans ces occasions la peine
doit être infligée, car son infliction préviendra
une peine plus grande, ou assurera un plaisir
plus que suffisant pour contrebalancer la peine.

Ne rappelez jamais des malheurs irréparables,
surtout dans la conversation ou en la présence
de ceux qui, dans votre opinion ou dans celle
d'autrui, peuvent avoir contribué à ces malheurs, ou à d'autres semblables. Ce que vous en
direz ne fera pas qu'ils ne soient pas arrivés; n'a-
joutez donc pas à la souffrance qu'ils ont causée
celle que peut amener leur souvenir.

Évitez les paroles de condoléance aux personnes en deuil de la mort de leurs amis. Les
condoléances, aussi bien que le deuil, sont des
choses funestes. Les hommes, et surtout les
femmes, ne font qu'accroître leur douleur en
se faisant un devoir ou un mérite de la manifester. Si on renonçait à l'usage du deuil, on épargnerait au monde une grande somme de souffrance. Des nations sauvages ou barbares se ré-
jouissent aux funérailles de leurs proches; sous
ce rapport, elles sont plus sages que les nations
policées.

Au lieu d'offrir à votre ami vos sentimens de
condoléance, si vous ne pouvez le résoudre à se

livrer à quelque amusement, faites en sorte que, de manière ou d'autre, ses affaires absorbent toute son attention.

Abstenez-vous de relever dans un individu des imperfections qu'il n'est pas en son pouvoir de corriger ou de faire disparaitre. Plus votre position sera supérieure à la sienne, plus cette abstinence de votre part aura de mérite. Si vous êtes tellement indépendant de lui, que son mauvais vouloir ne puisse vous faire de mal, la bienveillance effective exige que vous ne lui causiez pas de souffrance inutile.

Cette abstinence est un devoir; que l'infirmité soit intellectuelle, morale ou corporelle, elle est un devoir, même en l'absence de témoins; à plus forte raison en leur présence.

Le résultat infaillible de ce genre de malveillance, est une peine d'humiliation.

Cette peine sera plus ou moins grande, selon la nature des relations qui existent entre la personne ainsi molestée et les autres personnes présentes; et quelles que soient ces relations, plus les témoins seront nombreux, plus la peine sera grande.

Et si l'on recherche les conséquences de cette malveillance, on verra que toutes les parties ont à en souffrir. Il en résulte : 1. Un mal pour la personne ainsi molestée, par l'humiliation qu'on lui fait subir. 2. Un mal pour la personne présente, par l'infliction de la peine de sympathie que produit dans son esprit l'idée de la souffrance de cet individu. 3. Un mal par la peine d'antipathie, de l'antipathie produite par cette sympathie, et dont vous êtes l'objet. 4. Un mal pour vous-même, par le danger des représailles de la part de la personne molestée par vous; ou de la part de ceux en qui votre conduite aura soulevé des sentimens d'antipathie : à ces maux, quelle qu'en soit la somme, il ne peut y avoir de compensation, sous quelque forme et en quelque quantité que ce soit. Oui, peut-être, s'il y avait possibilité de corriger les imperfections ainsi signalées; mais nous avons supposé le contraire.

Si les lois de la bienveillance défendent ainsi toute allusion à des infirmités irrémédiables, à plus forte raison cette prohibition est-elle décisive et de rigueur quand l'allusion revêt la forme du ridicule. La dérision appliquée aux défauts naturels est une des formes les plus cruelles que puisse revêtir la malveillance. Des imperfections peuvent être ou ne pas être remédiables; mais quand c'est dans la constitution même de l'individu que l'infirmité réside, la

bienfaisance fait un devoir rigoureux de s'abstenir.

A cette classe de maux appartiennent un grand
nombre de ces actes de malveillance qu'on appelle tours d'écoliers. Quelque difformité, quelque infirmité physique, sert fréquemment de
prétexte et de but à l'infliction de peines jour-
nalières. Que cette tendance malfaisante soit réprimée dès ses premières manifestations. Il faut
surtout apprendre aux enfans que le plaisir qui
trouve son aliment dans la peine d'autrui, dans
la peine inutile et sans compensation, contient
le germe de toute immoralité.

Quand il s'agit de défauts réparables, quoique
la règle qui défend d'y faire allusion ne soit
pas rigoureusement applicable, cependant, avant
d'en parler devant témoins, assurez-vous que
l'objet que vous avez en vue ne peut s'accomplir sans les peines d'humiliation que votre langage devra nécessairement amener. Assurez-vous
que ce bien ne peut être obtenu au prix d'un
moindre mal. Assurez-vous que vous êtes la
personne la plus propre à obtenir ce résultat.

Dans vos rapports avec un enfant, un domestique ou quelque autre subordonné, en ce qui
regarde les défauts et les imperfections que ses
efforts peuvent arriver à corriger, rappelez-les-

lui toutes les fois que vous avez l'occasion de les voir, tant qu'il y aura espoir d'amendement. Quand cet espoir n'existe plus, cessez de lui en parler; et ne lui laissez plus apercevoir que vous les remarquez.

Dans le choix des sujets de conversation, la bienveillance d'abstinence trouvera de fréquentes occasions de s'exercer. Telle est l'organisation de chacun de nous, tel est le pli que lui ont fait prendre l'habitude et l'usage, que certains sujets nous agréent moins que d'autres. Evitez ceux qui sont les moins agréables, et que votre sollicitude à les éloigner soit en raison de leur déplaisance. La présence d'intérêts importans peut nécessiter l'introduction de sujets sur lesquels il y a dissentiment certain. Cette introduction ne peut se justifier que par la nécessité, ou une utilité prépondérante.[1]

---

[1] Je me rappelle à ce sujet un fait intéressant. Pendant les deux ou trois premières années de mon intimité avec Bentham, nous eûmes de fréquentes discussions sur des points de controverse religieuse. Assurément son affection pour moi, mon respect pour lui, n'étaient en rien diminués, bien qu'après des débats si longs et si fréquens, chacun de nous eût gardé son opinion. Un jour il me dit : « Je vois que je ne changerai pas vos idées; je sais que vous ne changerez pas les miennes. Si nous continuons, je vous ferai de la peine; vous m'en ferez. Le résultat sera de la peine pour tous deux. Laissons-là cette

Evitez en toute occasion de blesser l'amour-
propre d'autrui. Si un homme ne comprend pas,
ou comprend mal votre conversation, attribuez-
le, non à son défaut d'intelligence, mais à ce que
vous vous êtes mal exprimé. Car la méprise dans
l'expression a pu en produire une dans la con-
ception, et il n'est pas besoin d'aller chercher
une explication pénible, quand vous en avez une
inoffensive sous la main.

Ne donnez point expression, et autant que
possible ne donnez point place dans votre esprit
au ressentiment inutile; pas même quand vous
vous sentez calomnié. Si vous êtes accusé d'a-
voir tenu ou de méditer une conduite immorale, et qu'il soit possible de réfuter l'accu-
sation, ne vous mettez point en colère, mais
présentez votre réfutation. L'emportement est la
ressource unique et conséquemment naturelle
de l'homme coupable. Une réfutation est le seul
moyen que vous ayez de ne point être confondu
avec lui.

Quand vous croyez remarquer de la stupidité
dans quelqu'un, ne mettez point de rudesse

matière, et n'en reparlons plus. » Et nous n'en avons plus
reparlé depuis. Et cependant, si jamais homme révéla son
cœur à un autre, Bentham m'a révélé le sien.

J. B.

dans vos observations. Elles ne seront utiles qu'autant que ce défaut aurait sa source dans la négligence. Dans le cas contraire, la rudesse aura pour effet d'infliger une peine complétement inutile et d'exciter contre vous le ressentiment que provoquent l'injustice et la cruauté.

La patience contre les injures est une leçon difficile à apprendre et plus difficile à pratiquer, mais digne assurément qu'on l'apprenne et qu'on la pratique.

Si, en votre présence, une attaque est dirigée contre vous, quelqu'insultante qu'elle soit, surtout si c'est devant témoins, traitez-la, si vous pouvez, avec une indifférence manifeste, ou en riant, ou en plaisantant, selon l'occasion. Plus l'attaque est insultante, plus elle est honteuse pour celui qui se la permet, plus efficacement elle sera écartée; il sera désappointé, humilié, mais non irrité; son hostilité contre vous n'en sera pas accrue, il peut même se faire qu'elle soit désarmée. Quant à son désappointement, il est immanquable; du moins, s'il n'y avait personne de présent. Car, dans ce cas, quel pouvait être le but de son attaque? Nul autre assurément que de vous faire souffrir; et plus grande sera votre tranquillité, plus il échouera dans son projet.

C'est sans doute là une de ces règles qu'il est plus facile de donner que de suivre. En effet, il est peu de leçons de la prudence personnelle, ou de la bienveillance effective, dont la pratique soit plus difficile.

Néanmoins, dans ce cas, comme dans beaucoup d'autres, lorsque des motifs suffisans l'exigent, on peut, par des exercices préparatoires, acquérir la force de se maîtriser. On a inventé la gymnastique pour fortifier le corps, et on en a fait l'application avec un succès merveilleux. Le moyen dont nous parlons est basé sur les mêmes principes, et peut faire acquérir à l'esprit la force passive de la patience.

Quand vous ne pouvez accorder ce qu'on vous demande, que votre refus cause aussi peu de peine que possible à la personne qui en est l'objet.

Quelque inopportune et peu raisonnable que vous paraisse sa demande, ce n'est pas une raison pour que vous lui laissiez voir la répugnance que vous avez à l'obliger et à la servir. S'il est nécessaire de la convaincre que sa demande n'est pas raisonnable, faites-le avec douceur, autrement ce serait l'humilier ou l'irriter, ou même l'un et l'autre à la fois : vous lui feriez de la peine sans nécessité ni utilité ; vous pourriez même vous en faire un ennemi, et quel avantage pouvez-vous retirer de ses souffrances, quel bien de son inimitié?

Au cas où il y aurait impossibilité de réprimer son importunité, c'est-à-dire si la bonté et un langage affectueux n'ont pu réussir à vous délivrer de sa présence, ayez recours à la méthode rétributive.

Abstenez-vous de toute expression qui aurait pour objet de manifester votre opposition à la volonté ou au jugement d'un autre, dans les occasions même les moins importantes.

Ne contestez pas un point qui n'a aucune importance pratique, par cela seul que vous avez raison et qu'un autre a tort. De ces contestations proviennent les dissentions et l'inimitié.

Si à propos de quelque chose qu'un homme a fait, vous êtes dans la nécessité de parler de lui d'une manière défavorable, mentionnez le fait particulier, mais n'exprimez pas l'opinion générale que vous avez formée à propos de ce fait. Le fait peut prouver l'équité de votre condamnation. Les termes de cette condamnation ne prouveront aux yeux de la personne à laquelle vous parlez, que l'état de vos affections relativement à l'individu en question.

N'excitez dans l'esprit des autres aucune espérance exagérée, en leur offrant une perspective à la réalisation de laquelle il peut y avoir des doutes raisonnables. Que votre langage, en parlant de plaisirs attendus, soit tel, qu'il laisse la plus faible somme de désappointement, au cas où ces plaisirs ne se réaliseraient pas. Vous ne perdrez que peu à abaisser l'échelle de vos espérances ; vous pouvez perdre beaucoup à l'élever trop haut.

Nous avons déjà dit que la passion de la colère n'était jamais utile, et presque toujours pernicieuse et pénible. Il faut donc éviter toutes les habitudes qui peuvent y conduire. Parmi ces habitudes, l'une des plus sottes et des plus funestes, est celle des juremens. Heureusement que la sanction populaire dirige avec succès sa réprobation contre de telles manifestations. La mode les avait prises autrefois sous sa protection ; aujourd'hui, elle les répudie. Outre la peine produite par la colère qui les provoque, une autre peine sera produite par l'expression de la colère sous une forme aussi offensante. Dans l'esprit des uns, elle choquera les affections religieuses ; dans l'esprit des autres, elle produira des sensations que la bienveillance doit éviter de faire naître.

L'irréflexion et l'insouciance des conséquences du langage, sont la source de la plus grande partie des maux infligés par la parole. Les hommes ne sont que trop sujets à parler, sans considérer l'effet que leurs paroles peuvent produire sur ceux avec qui ils conversent ou qui les entendent.

On a dit que toute vérité n'est pas bonne à dire. Mais il y a dans cet aphorisme une ambiguïté dangereuse, qui fait qu'on l'emploie souvent dans un but pernicieux. Il a deux sens; l'un mauvais, l'autre bon : « Il est quelquefois bon de mentir »; c'est là le sens dangereux. « Il est des occasions où la vérité ne doit pas être dite. » Que faut-il dire alors? Un mensonge. Non! rien du tout. C'est là le sens véritable, et ce n'est que dans ce sens que la moralité doit l'employer comme aphorisme.

Les maximes que nous avons présentées comme règles de conduite en matière de langage seront également applicables aux actions. En effet, dans le cours de nos investigations, on a vu que nous avons quelquefois associé les actions comme conséquence des paroles, leur liaison étant si intime, qu'en les passant en revue, il serait difficile de les séparer.

Néanmoins, un plus grand nombre d'actions que de paroles rentrent sous la juridiction de l'autorité judiciaire. Les actions contrôlées par la

loi peuvent être considérées comme *obligatoires*.
On peut regarder comme *libres* celles dont les
lois ne connaissent pas; ce sont celles qui ne
rentrent pas dans le domaine de la justice
pénale.

Les actes déplaisans à autrui peuvent l'être
de deux manières : ils peuvent offenser les sens
physiques ou les sentimens intellectuels.

Parmi les cinq sens, il ne saurait être ici
question du toucher et du goût. Le mal infligé à ces deux sens se présente sous la forme
d'un délit légalement punissable. La molestation
par la voie du toucher constitue ce qu'en terme
légal on appelle voie de fait. La molestation du
goût présente l'idée de poison; et, à moins qu'il
ne s'y mêle de la fraude ou de l'intimidation,
c'est encore un délit corporel.

En un mot, les seuls sens exposés aux molestations qui sont de la compétence de la Déontologie, sont les trois sens sur lesquels on peut agir
sans contact immédiat, c'est-à-dire l'odorat,
l'ouïe et la vue.

1. L'odorat. Les molestations dont ce sens est
susceptible sont, pour le plus grand nombre
des cas, suffisamment évidentes. A ce sujet,
quelques recommandations ne sont pas hors de
propos.

Quelque peu importans que puissent paraître, à la première vue, ces modes nombreux de molestation qui opèrent par l'intermédiaire des sens, ils peuvent néanmoins avoir pour effet de bannir un ami de la présence de son ami, et même de le rendre un objet d'aversion permanente pour toute une compagnie, de quelque nombre qu'elle se compose. Toute futile que la chose paraisse, ce qui, dans ce cas, aggrave le mal, c'est que, par un mélange de honte, de crainte et de sympathie, la personne à qui cette molestation est infligée n'ose point faire connaître à celle qui en est l'auteur, l'impression qu'elle éprouve. Voilà donc un acte qui, ayant un effet malfaisant, est évidemment interdit par les lois de la bienfaisance négative, et conséquemment de la prudence personnelle. C'en est un assurément bien trivial, et néanmoins il peut infliger une molestation plus grave que ne le ferait un délit punissable. Ajoutez qu'il résulte de la circonstance spéciale que nous avons mentionnée, qu'il n'y a pas possibilité de le pardonner.

Nous allons donc tâcher de présenter au lecteur quelques circonstances qui, bien que productives d'un mal réel, de l'espèce dont il s'agit, n'ont pas été assez observées, comme l'expérience en fait foi.

Occupons-nous d'abord de la molestation dont le siége est dans l'odorat.

La plus évidente est celle que produit l'émission de gaz par le canal alimentaire.

Cette émission, en tant qu'elle provient de la partie inférieure de ce canal, est presque toujours volontaire; en sorte, qu'en thèse générale, l'infliction de cette espèce de molestation est préméditée. L'individu qui l'inflige peut s'abstenir. Dans la production de cette sorte de molestation, bien que le sens en soit le siége immédiat, l'imagination joue le rôle principal : la même odeur qui, émanée de notre propre corps, ne nous aurait causé aucune molestation, nous devient insupportable lorsqu'elle émane du corps d'un autre ; et la molestation peut être mitigée ou aggravée par une variété de circonstances relatives à la personne de l'individu dont le corps en est la source.

Comme dans ce mode de molestation, l'imagination a une très grande part, il peut avoir lieu sans une impression actuelle sur l'organe qui en est le siége naturel. Tel est le dégoût que cette impression produit, qu'en vertu du principe de l'association des idées et des sensations, un dégoût de la même nature, quoiqu'à un degré inférieur, est habituellement produit en nous par des actes qui cependant n'affectent réellement que le sens de l'ouïe.

L'éducation a beaucoup fait pour la suppression des molestations provenant de cette source. Le savoir-vivre, qui a pénétré jusque dans les couches inférieures du sol social, a réussi à rendre rares des actes regardés comme des preuves de grossièreté et de mauvais ton, au point de rendre leur exercice périlleux pour la réputation du délinquant.

Le pouvoir d'empêcher les émanations désagréables de la bouche ne peut être possédé dans la même étendue; mais on a la faculté absolue de les régler de manière à les rendre inoffensives pour autrui. L'éructation, qu'il n'est pas toujours possible de réprimer, peut être rendue moins déplaisante aux autres, si l'on donne aux miasmes une direction telle, qu'ils ne puissent atteindre personne; faites en sorte que l'air s'échappe dans cette direction, du coin de la bouche, et par la plus petite ouverture possible, en sorte que personne ne s'en aperçoive.

Si vous êtes entouré de manière à ce qu'il vous soit impossible d'empêcher que cette émanation n'arrive à quelqu'un, couvrez-vous la bouche de la main ou de votre mouchoir; le gaz d'acide carbonique descendra de son propre poids.

Si vous êtes à table, et qu'il y ait quelqu'un vis-à-vis de vous, il vaut mieux vous couvrir la bouche que de laisser visiblement échapper les miasmes; car si la distance est assez grande pour que vous n'affectiez pas désagréablement l'odorat de la personne en question, vous pouvez lui épargner le dégoût de se l'imaginer; ce qui ne manquerait pas d'arriver si elle était témoin de l'acte d'éructation.

2. L'ouïe. Ce sens peut être affecté désagréablement, d'une manière directe ou indirecte, par le moyen de l'association des idées.

Il peut être affecté directement par la qualité du son ou par sa quantité.

Il n'est guère possible d'affecter ainsi par des sons d'une qualité offensive, indépendamment de leur quantité, sans que la production de cet effet ne soit le résultat d'une intention. Si cette intention existe, l'acte peut être considéré comme légalement punissable; en tout cas, il serait superflu et inutile d'insister sur la nécessité de s'en abstenir.

En vertu du principe de l'association des idées, tout son qui a pour effet de rappeler l'idée d'une sensation désagréable à un autre sens, au sens de l'odorat par exemple, ne saurait manquer de nous répugner par cela seul.

En raison de la faculté sympathique, la bouche
et le nez peuvent être affectés désagréablement
par l'intermédiaire de l'ouïe.

Par le moyen des glandes disposées dans le
nez, l'intérieur de la bouche, et le passage appelé larynx, qui conduit dans les poumons, un
liquide visqueux est sécrété, lequel a diverses
destinations, mais qui, tant par sa contexture
originale que par suite de l'évaporation, se rap-
proche de l'état solide. Ce liquide, lorsqu'il est
accumulé dans ce passage, en certaine quantité,
devient, de diverses manières, productif de sensations désagréables qui ne peuvent cesser que
par son expulsion. La portion qui garnit les poumons, le larynx et l'intérieur de la bouche peut
être expulsée par deux voies : par la bouche, et
dans ce cas il est entièrement et dans sa forme
actuelle rejeté hors du corps ; ou par le gosier,
et alors il est envoyé dans l'estomac, où il se
mêle aux alimens, et après avoir subi les mêmes
altérations, est finalement expulsé par les mêmes
passages. La portion de ce liquide qui garnit le
nez, du moins dans sa partie supérieure, peut
se dégager par trois orifices, par les narines,
par la bouche, comme nous l'avons vu plus
haut, ou par la voie de l'estomac. Dans le premier cas, il est chassé hors du nez à l'aide d'une

grande quantité d'air aspirée à cet effet. C'est ce
qu'on appelle se moucher. Son expulsion par la
bouche s'effectue en partie par le moyen d'un
courant d'air aspiré dans ce but, en partie par la
force musculaire de la langue et des lèvres. Si,
au lieu d'être rejeté par la bouche ou le nez, ce
mucus est avalé, il est des personnes que cela
peut indisposer, ce qui provient tant de la qualité
de la matière, qui est de difficile digestion, que
de sa ténacité, qui la retient continuellement
dans un état filandreux, en sorte qu'elle s'étend
jusqu'à la gorge, qu'elle excite de manière à produire une sorte de convulsion appelée bâille-
ment.

Lorsqu'un homme sujet à être ainsi affecté,
s'aperçoit, par le sens de l'ouïe, qu'une autre
personne, incommodée par l'accumulation d'une
trop grande quantité de mucus, afin de se soulager, l'avale ou se prépare à l'avaler, au lieu
de l'expulser par la bouche ou par le nez, c'est
pour lui une cause considérable de molestation,
laquelle a sa source dans l'affection sympathique.
Son expérience personnelle fait qu'il associe à
l'idée de cet état de choses, une idée de souffrance.

Et elle est très grande en effet la souffrance
produite par une cause en apparence si légère,

et dont la nature ne paraît pas généralement comprise.

Il faut établir une distinction entre les cas où l'organe corporel, l'organe des sens, est lui-même le siège de la souffrance endurée, et ceux où il sert seulement de véhicule à l'impression faite sur quelque autre partie du corps ou sur l'esprit.

C'est ainsi, par exemple, que les organes de la vue et de l'ouïe sont exposés à des modes particuliers de molestation dont ils sont respectivement le siège. Mais, pris ensemble, ils servent de véhicule à une infinité de molestations aussi-bien que de jouissances, dont le siège n'est pas dans ces organes respectifs, mais dans l'esprit, en un mot, de molestations et de jouissances capables d'être produites par le moyen de la parole.

Les seuls modes de molestation dont il soit ici convenable de parler, sont ceux qu'un homme peut éviter d'infliger à un autre, sans qu'il lui soit pour cela nécessaire de s'interdire sa présence. Il est des gens qui ne peuvent voir une personne dont les yeux sont le siège d'une certaine affection morbide, sans l'éprouver eux-mêmes. Comme le seul moyen d'épargner à autrui cette molestation est de s'interdire la présence de la personne affectée de cette susceptibi-

lité morbide, c'est là un cas dont nous ne saurions nous occuper. Toutefois, sans qu'il soit
nécessaire de recourir à ce moyen extrême, la
personne sujette à être ainsi affectée peut s'é-
pargner cette molestation en évitant de porter
ses regards sur les yeux dont l'état morbide l'affecte elle-même.

Ces exemples, que nous avons présentés à
dessein avec quelque détail, suffiront pour éveiller l'attention sur d'autres points dans lesquels
les sens peuvent être affectés, faute d'une attention suffisante aux causes d'où ces molestations
leur proviennent; chacun pourra dès-lors remarquer les occasions où la bienveillance ordonne de s'abstenir de ce qui pourrait être
désagréable à autrui. Le sujet est par lui-même
si peu attrayant, que peut-être croirions-nous
en avoir trop dit à cet égard, sans la conviction
où nous sommes qu'une immense quantité de
sensations pénibles prennent là leur source, et
que la nécessité de protéger les hommes contre
l'infliction de ces sortes de molestations n'est pas
suffisamment ou généralement comprise.

Nous voyons dans le journal l'*Examiner*, un
exemple de la manière dont ces principes peuvent s'appliquer aux autres branches de la morale
usuelle :

« *Manières de manger* qui déplaisent aux per-
« sonnes bien élevées : faire du bruit avec la
« fourchette et le couteau; faire claquer ses lè-
« vres l'une contre l'autre ; faire entendre le
« bruit des liquides en les avalant ; mâcher
« bruyamment ; manger avec précipitation. Il
« est des gens à qui ces choses ne paraîtront
« point importantes; elles le sont cependant, car
« non seulement elles indiquent dans ceux qui se
« les permettent des sentimens grossiers , mais
« elles contribuent encore à rendre leur compa-
« gnie désagréable aux personnes bien nées , et
« doivent par conséquent leur causer un grave
« préjudice dans leur commerce avec la société. »
Nous avons déjà dit que la dureté d'expression
à l'égard des infirmités d'autrui est une violation du principe de la maximisation du bonheur.
Les actes de dureté en sont encore une violation
plus palpable et plus décisive. Quand vous vous
trouvez avec une personne affligée de défectuo-
sités corporelles ou mentales, que votre attention soit aussitôt éveillée d'une manière toute
spéciale. Ayez grand soin de ne rien dire et de
ne rien faire qui puisse blesser la personne ainsi
affligée. Si l'infirmité réside dans le caractère, ne
vous croyez pas autorisé à manifester votre désapprobation par des paroles ou des actions désobli-

geantes. Beaucoup de défauts de caractère tiennent à la constitution de l'individu, et ne sont
pas susceptibles de réforme. Il est extrêmement
rare qu'on puisse dans ce cas produire le plus
léger bien par une manifestation d'hostilité ou
même de censure. Ayez l'air de ne pas vous apercevoir du défaut, ou si vous en parlez, que ce soit
de manière à causer le moins de peine possible.

Quant aux défauts corporels, qu'il n'en soit
jamais question. Il y a danger à en parler, même
pour les plaindre ou les soulager, car votre sympathie aura pour effet de mettre le défaut sous
les yeux de la personne affligée ; et il est possible
que la peine que votre attention aura ainsi éveillée dépasse le plaisir conféré par votre sympathie, si toutefois elle en confère, ce qui n'a pas
toujours lieu.

Il en est autrement quand le défaut est remé-
diable, quand votre bonté peut le guérir, ou
votre sympathie l'alléger. Cette hypothèse réclame l'une et l'autre.

Si les paroles ou les actes d'un autre vous font
de la peine, et qu'en conséquence vous désiriez
les voir discontinuer, faites en sorte d'obtenir que
cette molestation cesse, en donnant le moins de
peine possible à l'individu en question.

N'exprimez donc pas brusquement votre désir

de voir la molestation cesser ; ne laissez pas voir la peine qu'elle vous donne, mais parlez d'autre chose ; donnez à la conversation ou à la conduite une direction telle, que la cause qui vous afflige soit écartée.

Il peut se faire que, dans l'intervention des autres en votre faveur, il y ait eu de l'imprudence, que cette intervention n'ait pas été telle que vous puissiez l'approuver, et que votre mécontentement soit fondé. Avant de vous plaindre, assurez-vous que, dans l'intérêt de l'avenir, il est nécessaire de faire connaître votre déplaisir. Dans tous les cas, ce n'est qu'en vue de l'avenir que vous êtes autorisé à exprimer votre mécontentement.

Car cette expression ne saurait changer le passé, ni faire qu'un mal qui a eu lieu n'ait pas eu lieu. Si vous craignez qu'on ne renouvelle une intervention inopportune, alors, avant que la chose ait lieu, avertissez avec douceur la personne officieuse, que dans une première occasion elle vous a nui sans le vouloir ; dans le cas contraire, ne lui laissez pas voir et ne lui dites pas que vous avez remarqué les conséquences de son intervention maladroite.

Nous avons parlé de la règle par laquelle vous pouvez juger des peines et des plaisirs d'un

autre, c'est-à-dire en changeant de position avec
lui. Afin donc de ne pas offenser ou affliger inutilement, avant de dire ou de faire quoi que ce
soit de relatif à un individu, commencez par
vous demander comment vous seriez affecté
vous-même si on en disait, ou si on en faisait
autant à votre égard. Si vous pensez que la
chose vous serait indifférente, examinez bien
si, entre votre situation et la sienne, il n'y a
pas quelque différence, laquelle aurait pour effet
de lui rendre pénible ce qui ne le serait pas pour
vous.

Ce qu'il y a de mieux, c'est de prendre l'égalité pour règle. Néanmoins tout en faisant de l'égalité la loi d'application générale, il faut admettre
des variations exceptionnelles qui, résultant
des différences de positions, doivent être appliquées aux cas particuliers, au fur et à mesure
qu'ils se présentent. Il peut se trouver des cas
où le caractère de l'individu qu'on est obligé de
contrarier, le rend moins susceptible que d'autres d'impressions pénibles; mais il est plus sûr
de s'abstenir.

Ce que vous faites, faites-le promptement,
surtout s'il s'agit d'obliger. La bienveillance négative exige donc de ne point perdre un temps inutile dans l'accomplissement des actes à l'exercice

desquels une portion quelconque du bonheur d'autrui est intéressée.

C'est ainsi que d'inutiles délais à répondre aux lettres que nous recevons, sont incompatibles avec la prudence et la bienfaisance. Il en résulte pour nous un préjudice dans notre réputation, et une cause de molestation pour les autres. La promptitude ajoute au prix d'un service. Le délai est une peine imposée par le despotisme indolent.

Un service rendu avec promptitude est souvent d'une plus grande valeur qu'un service plus important, mais différé. *Bis dat qui citò dat*; donne deux fois qui donne promptement; c'est là un aphorisme qui, lorsque le don est bienveillant, peut être admis dans le code déontologique; car la promptitude d'une action bienfaisante, non seulement rend le service plus efficace, mais encore témoigne d'une plus grande vivacité dans les affections généreuses.

Les demandes de service ne sont que trop souvent traitées avec inattention. Il est possible, à peu de frais, d'épargner au solliciteur les peines du délai. On dit que le duc de Wellington a pour coutume invariable de répondre promptement à toutes les communications de cette nature [1]. Le

---

[1] Nous aimons à constater cette nouvelle preuve d'impar-

plus sûr moyen de plaire au pétitionnaire, après la concession de ce qu'il désire, c'est de faire attention à sa demande. Par là on lui épargne toutes les souffrances qui résultent de l'espérance différée.

Nous avons eu occasion d'indiquer quelques exemples de désaccord entre les lois de la politesse et le code déontologique, c'est-à-dire le défaut de coïncidence entre la sanction populaire et le principe de la Déontologie.

C'est ainsi qu'on a quelquefois regardé comme « des hommes accomplis », des gens dont la morale était détestable, et dont les manières ne valaient guère mieux. Il est probable qu'on ne les eût jamais donnés comme modèles, sans l'éminence de leur position sociale ; à tout événement, on eût pu proposer pour objet d'imitation une politesse d'un caractère plus élevé, une perfection fashionable plus soigneuse des peines et des plaisirs d'autrui.

Loin qu'elles soient incompatibles avec la véritable moralité, les lois de la vraie politesse harmonisent avec celles de la bienfaisance bienveillante. Elle évitera de créer des peines, ou

tialité de notre auteur ; car Bentham et Wellington ont assurément été les deux hommes les plus antipathiques de notre époque.   (*Note du Traducteur.*)

de réveiller des idées pénibles, aussi soigneusement que si elle avait nom vertu.

Mais pour que les habitudes du bon ton soient véritablement polies, il faut qu'elles subissent bien des changemens. Ces habitudes sont aujourd'hui un véritable chaos de contradictions que sanctionnent les usages aristocratiques, et que l'influence d'aucune loi générale ne peut atteindre. Tel homme dont la conduite en société sera la courtoisie même, qui ne se permettra pas une parole qui puisse causer la plus légère peine, ne se fera aucun scrupule de manquer un rendez-vous d'affaires; de faire faire antichambre à celui qui le visite; de laisser sans réponse des lettres d'un intérêt vital pour celui qui les a écrites; d'égarer ou de perdre des manuscrits précieux; en un mot d'infliger une peine extrême et gratuite, sans aucun avantage pour lui-même.

Dans vos paroles, comme dans votre conduite, ne faites pas naître des espérances dont la réalisation n'est pas probable; et en tant que l'intensité de l'attente dépend de vous, ayez soin qu'elle soit moindre que la somme probable de satisfaction; car, bien que les plaisirs de l'attente occupent une place considérable dans le domaine du bonheur, ils seront contrebalancés par les

peines du désappointement, en tant que ce désappointement doit les suivre. Et cette portion
de plaisir qui n'était pas attendue, et qui aura
été réellement obtenue, la surprise lui donnera
un nouveau prix.

En exagérant vos moyens d'utilité, non seulement vous augmenterez les appels faits à votre
obligeance, mais encore vous diminuerez l'affection dont vous êtes l'objet, lorsque l'insuccès
de vos efforts pour être utile aura rendu cette
exagération manifeste. La découverte de votre impuissance soulèvera contre votre amour-propre
plus de mécontentemens que l'attente de votre
influence n'aura causé de satisfaction. Les autres
éprouveront la peine de l'attente déçue sans
aucun de ces dédommagemens que vous aura
procurés le plaisir de faire de belles promesses.

S'introduire dans la compagnie d'un autre
sans être attendu ou invité, est un mode de molestation que la bienveillance effective nous ordonne d'éviter. C'est la substitution de votre volonté à celle d'un autre, et conséquemment,
c'est une usurpation de despotisme. Il peut se
faire qu'en cela vous ayez en vue un objet important : l'intrusion peut se justifier par un bien
prépondérant; mais c'est là un cas exceptionnel.
A moins qu'on ne vous ai donné à entendre que

votre présence sera bien venue en tout temps, ou à certaines époques spécifiées, vous devez supposer que si votre présence était désirée, vous en auriez reçu avis ou auriez été invité. En tout cas, votre intrusion ne laisse pas à la personne qui en souffre le choix des moyens; il faut, ou qu'elle se soumette à une molestation qu'elle n'a pas demandée, ou qu'elle vous inflige le châtiment de l'expulsion. Si vous désirez voir quelqu'un pour une affaire qui n'a pas une importance grave, faites-lui part de votre désir de manière à ce qu'il puisse refuser, sans peine pour lui ni offense pour vous.

Que la timidité d'un individu ne soit pas une raison pour que vous le traitiez avec intolérance. Si, dans les cas ordinaires, un homme bienveillant évite de causer une peine, il l'évitera avec plus de soins encore à l'égard d'un homme affecté d'une susceptibilité particulière.

De même, en cas de stupidité. Quelque stupide que soit un individu, ne lui donnez pas raison de croire que sa stupidité vous contrarie; qu'il ne s'aperçoive pas que vous l'avez remarquée. Tout ce que vous pouvez faire ou dire ne le rendra pas moins stupide que la nature ne l'a fait; et en lui en faisant un sujet de reproche, vous ne ferez que produire des conséquences funestes

à tous deux : à lui, par la peine que vous ne
pouvez manquer de lui causer; à vous, par le
mauvais vouloir qu'aucune stupidité ne peut
l'empêcher de concevoir contre vous dans une
proportion plus ou moins grande.

L'habitude de la bienveillance effective a une
conséquence éloignée, mais qui n'est pas sans
importance; c'est qu'en cas de rupture entre
vous et l'un de vos amis, antérieurement à
toute investigation particulière, dans l'opinion
de ceux qui vous connaissent, les présomptions
seront en votre faveur. Cette habitude qui,
par cela seul qu'elle est une habitude, s'est
manifestée en présence d'autrui, vous a amassé
dans l'esprit des autres hommes un fonds de
considération qui influencera leur opinion,
même à votre insu.

Si, comme cela doit être, vous êtes connu
pour vous abstenir de toutes les causes d'offense,
qui, dans l'opinion générale, justifient les représailles, une distinction si honorable vous vaudra
l'avantage, dans tous les cas douteux, d'être absous de tout blâme; et, en toute occasion, il se
manifestera de la répugnance à accueillir les témoignages qui tendraient à ébranler votre réputation acquise.

Plus la sphère de l'action pernicieuse s'élargit,

plus l'abstinence bienfaisante devient nécessaire. Si les prescriptions de la bienveillance sont impératives, là où il s'agit du bonheur ou du malheur de quelques uns, elles le sont plus encore quand c'est le bonheur ou le malheur d'un grand nombre qui est en question. Et malheureusement il arrive que sur l'une des principales sources des misères humaines, la sanction populaire est déplorablement immorale. On ne peut rien trouver de plus douloureux que l'opinion générale au sujet de la *guerre*. L'église, l'état, la minorité des gouvernans, la majorité des gouvernés, tous s'accordent à prendre sous leur protection le vice et le crime, là précisément où la sphère de leur action est le plus calamiteuse. Donnez à un homme un costume particulier, appelez-le d'un nom spécial, cela suffit pour l'autoriser, en certaines occasions prévues, à commettre tous les genres de crimes, à voler, à tuer, à détruire le bonheur des hommes, à maximiser leurs souffrances : et après s'être souillé de tous ces forfaits, des récompenses l'attendent encore.

Rien de plus funeste au monde que l'admiration qu'on prodigue aux héros. Comment les hommes en sont-ils venus au point d'admirer ce que la vertu doit nous apprendre à haïr et à mépriser; c'est là, il faut l'avouer, l'un des plus

affligeans témoignages de l'infirmité et de la folie
humaine. Il semble que les crimes des héros
soient absous par leur étendue même. Grâce aux
illusions dont l'irréflexion et le mensonge ont
entouré leurs noms et leurs actes, on ne se fait
pas une idée juste de tout le mal qu'ils font, de
toutes les calamités qu'ils produisent. Serait-ce
que le mal est si grand qu'il passe toute estimation ? Nous lisons que vingt mille hommes ont
été tués dans une bataille; nous nous contentons
de dire : « Voilà une victoire bien glorieuse. »
Vingt mille hommes, dix mille hommes, qu'importe ? Que nous font leurs souffrances ? Plus il
a péri de monde, plus le triomphe est complet.
Et c'est sur la grandeur du triomphe que s'estiment le mérite et la gloire du vainqueur. Nos
professeurs, et les livres immoraux qu'ils nous
mettent entre les mains, nous ont inspiré pour
l'héroïsme une affection singulière; et le héros
est d'autant plus héros qu'il a fait mourir plus
d'hommes. Ajoutez un zéro au total, cela n'ajoutera rien à notre désapprobation Quatre chiffres
deux chiffres, ne nous donnent pas un sentiment
plus pénible que ne le ferait un chiffre seul, et ils
ajoutent merveilleusement à la grandeur et à la
gloire du vainqueur. Dans ces milliers, ces di-

zaines de mille, prenons *un* individu isolément.
Sa jambe a été fracassée par un boulet, sa mâ-
choire brisée par un autre ; il gît baigné dans son
sang et dans celui de ses camarades ; et cependant
il respire encore, et la soif, l'épuisement, la faim,
se disputent ses derniers soupirs. Il n'est qu'une
des unités dont se compose le nombre des
vingt mille. Il n'est que l'un des acteurs, que
l'une des victimes, dans ce drame glorieux ; et
parmi ces vingt mille infortunés, il n'en est pas
un dont les souffrances ou la mort ne soient le
centre d'un cercle semblable de maux et de calamités. Admirateurs des héros ! regardez et voyez !
Est-ce de la douleur ? Parce qu'elle est multipliée
par cent, par mille, par dix mille, n'est-ce donc
plus de la douleur ?

Un temps viendra sans doute où il faudra
toute l'autorité des témoignages de l'histoire
pour faire croire à des générations mieux in-
struites, qu'à une époque qu'on a appelée
éclairée, il s'est trouvé des hommes que l'approbation publique a honorés en raison du malheur qu'ils ont produit et des forfaits qu'ils
ont commis. Il ne faudra pas moins que les
preuves les plus authentiques pour leur persua-
der que, dans les temps passés, des hommes se

sont rencontrés, et des hommes encore jugés
dignes de récompenses nationales, qui, pour un
modique salaire, s'engageaient à commettre tous
les actes de pillage, de dévastation et d'homicide qu'on voudrait leur commander. Ils s'indi-
gneront plus encore d'apprendre que ces merce-
naires, ces tueurs d'hommes, ont été réputés
éminens et illustres, qu'on leur a tressé des cou-
ronnes, élevé des statues, et que l'éloquence et
la poésie se sont épuisées à les célébrer. Dans ces
temps meilleurs et plus heureux, les hommes
sages et bons s'empresseront de vouer à l'oubli
ou de flétrir d'une ignominie universelle, un
grand nombre des actes qualifiés par nous d'hé-
roïques, tandis qu'ils entoureront d'une au-
réole de véritable gloire les créateurs et les
propagateurs du bonheur des hommes.

L'intolérance du langage, en matières d'opinions religieuses, est plus excusable que l'intolérance dans les actes. C'est par la persécution
active que se manifeste ce mode déplorable de
malfaisance. Et après les maux causés par la
guerre viennent les maux produits par la fureur
des haines religieuses. Sans parler de l'immoralité qu'il y a à punir des hommes parce qu'ils
professent des opinions différentes des nôtres,

examinons tout ce qu'une telle prétention a d'absurde. Pourquoi les punir? Parce qu'ils ne se rendent pas à l'autorité de votre parole; parce qu'ils refusent de se soumettre aveuglément à la foi que vous voulez leur imposer.

Or, une foi aveugle ne peut opérer qu'en supprimant les preuves. Elle ne peut changer la sensation; elle ne peut changer le sentiment du vrai et du faux.

Attacher des récompenses à la foi, des châtimens à son absence, c'est, dans un juge, récompenser la présence et punir l'absence des préjugés et de la partialité.

Dire : « Croyez à cette proposition plutôt qu'à la proposition contraire », c'est dire : Faites tout votre possible pour y croire. Or, tout ce qu'un homme peut faire pour croire à une proposition, c'est d'écarter et de repousser les preuves qui lui sont contraires. Car, quand toutes les preuves sont également présentes à son esprit, et sont de sa part l'objet d'une attention égale, il n'est plus en sa puissance de croire ou de ne croire pas. C'est le résultat nécessaire de la prépondérance dès preuves d'un côté de la question sur les preuves contraires.

Les sources auxquelles doivent être attribuées

les inflictions de peine que la bienveillance effective-négative a pour objet d'éviter ou de réprimer, se trouvent dans l'arrogance, la hauteur,
le mépris, la suffisance, la froideur, la réserve,
l'orgueil et l'affectation. Chacun de ces vices
peut produire un résultat uniforme. Peu importe à la victime que sa souffrance émane de
telle mauvaise qualité ou de telle autre. La loi
de l'abstinence s'applique à toutes indistinctement. Dans quelques esprits, certaines d'entre
elles dominent; dans d'autres, certaines autres.
Elles doivent être mesurées dans l'échelle des dé-
fectuosités morales, par la quantité de peines
qu'elles causent. Le mépris de tel homme peut
être moins offensant que la froideur de tel autre,
et conséquemment moins malfaisant. L'arrogance d'un homme de haut rang peut être plus
tolérable que la froideur d'un inférieur ou
même d'un égal. Nous avons donné des exemples de chacun de ces vices; mais chacun d'eux
est susceptible de tant de modifications, et peut
se manifester dans une si grande variété de paroles et d'actes, que nous avons dû abandonner
à chaque homme le soin d'emprunter à sa propre
expérience de quoi remplir les vides que nous
avons laissés. Déraciner de l'esprit ces vices, c'est

en extirper les fruits. Ils participent tous plus ou moins des deux vices fondamentaux, l'imprudence et la malfaisance, et on ne saurait conséquemment les garder sans qu'il en résulte dommage et souffrance.

V.

BIENVEILLANCE EFFECTIVE-POSITIVE.

———

La bienfaisance consiste à contribuer au bien-être de nos semblables; la bienveillance est le désir d'y contribuer. La bienfaisance n'est vertu qu'autant qu'elle a la bienveillance pour compagne. La nourriture que nous prenons contribue à notre bien-être; mais cela ne fait pas que la nourriture ou l'action de manger soient vertueuses.

La bienveillance peut être une vertu sans être accompagnée de la bienfaisance ; car le désir peut exister sans qu'on ait le pouvoir de le mettre à exécution ; mais la bienveillance n'est véritablement une vertu qu'autant que, dans l'occasion, elle est accompagnée de la bienfaisance. Si, quand l'occasion en est offerte, une bienfaisance correspondante n'est pas exercée, c'est une preuve que le désir n'était pas réellement actuel, ou que, s'il était actuel, il était inerte et si faible qu'il ne pouvait être d'aucun usage.

Outre le plaisir actuel qui peut accompagner un acte de bienfaisance pour celui qui le fait, les raisons qu'a un homme pour être bienfaisant sont celles qu'a un laboureur pour semer, un homme frugal pour économiser. Le grain semé n'a de valeur qu'en vue de la récolte qu'il doit produire ; l'argent n'a de valeur qu'en vue des services de toute espèce qu'il nous procure de la part d'autrui : de la part du travailleur, dans le service rendu par son travail ; de la part du boulanger, dans le pain qu'il livre au consommateur en retour de son argent.

Tous les actes de bienfaisance vertueuse qu'un homme accomplit sont un véritable versement effectué par lui dans un fonds commun, une

sorte de caisse d'épargne dépositaire du bon-
vouloir général; c'est un capital social dont il
sait que l'intérêt lui sera payé par ses semblables
en services de tout genre, services sinon positifs, du moins négatifs, et consistant à s'abstenir de lui infliger des molestations auxquelles,
sans cela, il pourrait être exposé.

Il y a exercice de la bienfaisance *négative*,
comme nous l'avons déjà vu; et ici nous reve-
nons sur nos pas, afin de faire voir le domaine
laissé à la bienfaisance *positive;* cet exercice a
lieu, disons-nous, en tant que nous *ne* faisons
pas de mal à autrui. La bienfaisance négative
n'est rien si elle n'est accompagnée de la bienveillance ou de la prudence personnelle correspondante. L'être le plus malfaisant exerce de la
bienfaisance négative relativement à tous les
actes nuisibles qu'il ne fait pas.

La bienfaisance négative n'est une vertu qu'autant que nous nous abstenons par réflexion de produire un mal que, sans réflexion, nous aurions
pu produire. Si c'est en considération de l'effet
que l'action malfaisante aurait pu avoir sur
notre propre bien-être, cette vertu est de la
prudence; elle est de la bienveillance si c'est en
considération de l'effet que l'action eût pu avoir
sur le bien-être d'autrui.

Ici il faut distinguer entre la bienfaisance qui peut et celle qui ne peut pas s'exercer sans sacrifice personnel. A cette dernière, il y a nécessairement des limites comparativement très restreintes. En effet, la bienfaisance accompagnée de sacrifices personnels ne peut s'exercer qu'aux dépens d'une certaine somme de prudence personnelle, ne fût-ce même que dans le sens du grain semé par le laboureur. Toutes les fois qu'il y a débours effectué sans un retour équivalent, la bienfaisance ne peut avoir lieu sans un sacrifice personnel correspondant.

Il n'y a point de limites à l'exercice de la bienfaisance sans sacrifice personnel; et toutes les fois que cet exercice a lieu, c'est autant d'ajouté au capital du bon-vouloir, et cette addition n'a rien coûté. Il est vrai de dire que, jusqu'à un certain point, il n'y a pas de bienfaisance vertueuse sans quelque sacrifice personnel : car elle ne peut s'exercer sans abstinence; et l'abstinence, si faible que soit le désir de faire l'acte dont on s'abstient, exige considération, effort; et la somme de malaise dont cet effort peut être accompagné est la mesure du sacrifice personnel. Il est des cas où ce sacrifice est accompagné d'une somme considérable de malaise, d'une somme plus grande que n'en peuvent supporter les

hommes en général, du moins dans l'état actuel
de la société. Tel est le malaise causé par l'abstinence de la vengeance que de graves injures ont
provoquée.

Mais, outre les limites que mettent à ces
sortes de sacrifices personnels les lois de la
prudence personnelle et de la bienfaisance, il
en est d'autres qui résultent de la nature des
choses : tels sont par exemple les cas où l'acte
bienfaisant consiste à donner de l'argent, ou
à rendre service par l'accomplissement d'un
travail.

Il y a donc bienfaisance négative en tant que
nous nous abstenons d'infliger une *molestation*
quelconque à autrui. C'est à s'abstenir de mo-
lester que la bienfaisance négative consiste. Il
est vrai qu'on peut dire que des actes de cette
nature n'ajoutent rien au capital de bon-vouloir
dont nous avons parlé; mais, d'un autre côté,
à ce capital de bon-vouloir correspond un capital de *mauvais-vouloir*, et tout acte de bienfaisance négative est autant de retranché aux ver-
semens effectués dans la caisse du mauvais-vouloir.
Il fait donc perdre à cette dernière tout ce que,
sans lui, elle eût gagné. Diminuer les sommes
versées à la caisse du mauvais-vouloir, c'est produire indirectement un effet équivalent à celui

que produirait un versement à la caisse du bon-vouloir; car si, pendant que la malveillance continue à remplir sa caisse de mauvais-vouloir, la bienveillance tient la sienne vide, on comprend l'avantage que cette dernière aura sur sa rivale au cas où elles se trouveraient toutes deux en concurrence pour l'obtention d'un service qui, pouvant être rendu à l'une ou à l'autre indifféremment, devrait l'être nécessairement à l'une des deux.

En thèse générale, la bienfaisance positive, sous toutes les formes, est motivée par les sommes qu'elle ajoute à notre capital de bon-vouloir général, à ce capital auquel nous pourrons recourir au besoin; la bienfaisance négative est motivée par les sommes qu'elle empêche de verser à notre capital de mauvais-vouloir général, ce capital de maux qui nous menacent. Indépendamment de son utilité particulière, tout acte ayant pour effet de tenir vide la caisse du mauvais-vouloir, peut produire les mêmes avantages que celui qui a pour résultat d'ajouter une somme à la caisse du bon-vouloir.

L'homme qui possède un capital de cette nature, et qui en comprend la valeur, doit comprendre aussi que sa richesse s'accroîtra de tous les actes de bienfaisance bienveillante dont on le

saura l'auteur. Il sentira qu'il est riche de tous
les actes de bonté qu'il lui est arrivé de faire. Le
croira-t-on? Croyable ou non, le fait n'en est pas
moins vrai. J'ai connu un homme que dominait
une idée toute contraire ; il avait une phrase à lui
pour l'exprimer. Obtenir de lui, même sans
sacrifice personnel de sa part, un avantage ou
un objet de satisfaction quelconque, c'était, à
l'entendre, « faire de lui sa propriété. » Je me
rappelle l'avoir maintefois entendu déclarer
« qu'il ne voulait pas qu'on fît de lui sa propriété. » Il s'en serait cru appauvri ; il en eût été
honteux comme d'une faiblesse.

Cette disposition morale n'avait pas manqué,
dans cette circonstance, de produire ses fruits
naturels. Elle était jointe, dans l'individu en
question, à une ambition ardente, et lui valut
à cet égard une suite continuelle d'échecs et de
désappointemens.

Nous avons indiqué, parmi les motifs de la
bienveillance effective, la sanction rétributive.
Les récompenses dont elle dispose dépendent des
relations qui existent entre les parties. Quelle
que soit la distance qui les sépare, l'influence
du plus humble individu sur l'homme le plus
puissant n'est jamais entièrement nulle et indigne de toute considération. La souris de la fable,

délivrant le lion, montre, selon l'expression du fabuliste,

Qu'on a souvent besoin d'un plus petit que soi.

L'opinion populaire, lorsqu'elle est éclairée et qu'elle connaît des actions bienfaisantes, les prend sous sa protection. Ses jugemens dépendent de l'estimation qu'elle fait du mérite d'une action, ainsi que du nombre et de l'influence de ceux qui jugent et qui assignent à cette action sa récompense.

Indépendamment des récompenses de l'opinion et des plaisirs de la sympathie, les actes de bienveillance positive tendent à créer les habitudes de bienveillance. Chaque acte ajoute quelque chose à l'habitude. Plus grand sera le nombre des actes, plus l'habitude sera forte; plus elle sera forte, plus la récompense sera grande et plus elle fera naître des actes semblables; plus ces actes seront fréquens, plus il y aura de vertu et de bonheur dans le monde.

Saisissez donc toutes les occasions de faire des actes bienfaisans, et cherchez à en faire naître d'autres. Faites tout le bien qui est en votre pouvoir, et cherchez les moyens de le faire.

La bienveillance effective, quand elle est en action, peut être regardée comme la gymnatisque de l'âme ; et la carrière qu'elle embrasse est véritablement le gymnase de la pensée. Ces exercices, à l'exemple de ceux du corps, ne donneront pas seulement des jouissances, mais de la force : des jouissances dans l'exercice lui-même ; de la force, en mettant plus complétement en activité les facultés morales et intellectuelles, et en leur communiquant la vigueur d'une action habituelle. Le but indirect et général est de fortifier l'esprit, afin qu'il n'en dirige que mieux les affections vers la vertu ; le but direct et spécial est, dans toute occasion, d'influencer la conduite de telle sorte que l'action individuelle en question ait pour conséquence un résultat de bonheur.

Dans l'application du mal pour la production du bien, n'ayez jamais en vue de satisfaire l'antipathie. Que cette application soit nécessaire et subordonnée au seul but que les châtimens doivent se proposer, qui est de détourner du délit par l'appréhension de la souffrance. Dans l'intérêt du délinquant, sa réformation est le but principal qu'on doit avoir en vue ; si ce résultat ne peut être obtenu, cherchez à lui ôter la possibilité d'infliger ce même mal à lui-même ou aux autres. Mais ayez toujours présente à la pensée cette maxime que nous ne saurions trop répéter :

Infligez tout juste la peine nécessaire pour accomplir l'objet que se propose la bienveillance.
Ne créez pas un mal plus grand que celui que
vous faites disparaitre.

Quand un homme est convaincu de l'immoralité d'un autre, l'effet que ce jugement produit
naturellement sur lui, est une affection décidée
d'antipathie ; d'antipathie plus ou moins forte,
selon le caractère de l'individu. Dès lors, sans se
mettre en peine de mesurer la quantité exacte
de châtiment qu'il convient d'infliger, il saisit
toutes les occasions qui se présentent d'exprimer à l'égard du délinquant, des sentimens de
haine et de mépris ; et en agissant ainsi, il croit
donner aux autres une preuve irrécusable de son
horreur pour le vice et de son amour pour la
vertu ; tandis que véritablement il ne fait que
satisfaire ses affections dissociales, son antipathie et son orgueil.

Le bonheur du pire de tous les hommes fait
tout aussi bien partie intégrante de la masse totale de la félicité humaine, que celui du meilleur
des hommes.

Toutes les fois que le mal fait à un délinquant
n'offre pas la probabilité d'un bien plus grand,
soit pour le délinquant lui-même, soit pour autrui, loin de lui faire du mal, la loi de la bien-

veillance nous ordonne de lui faire tout le bien compatible sous d'autres rapports avec la bienfaisance et la prudence extra-personnelle.

Les exemples de bienveillance d'abstinence, que nous avons produits, peuvent nous servir de points d'analogie pour indiquer les exemples parallèles de bienveillance active et effective.

La règle négative est d'éviter de créer de la peine; la règle positive, de chercher à conférer du plaisir. Et, bien qu'on ne puisse établir d'une manière invariable que l'action vertueuse est la contre-partie nécessaire de l'abstinence vertueuse, néanmoins, dans un grand nombre de cas, la conduite que la moralité nous impose consiste à faire précisément le contraire de ce que nous dicteraient l'imprudence et la malfaisance.

Il n'est pas toujours possible d'établir avec précision la ligne qui sépare les prescriptions de la bienveillance effective, soit positive, soit négative, de celles de la prudence personnelle ou extrapersonnelle; et la chose n'est pas toujours nécessaire ou désirable; car là où les intérêts des deux vertus sont identiques, la ligne du devoir est évidente. Mais il est facile d'indiquer les points de conformité et de différence, et de faire voir, dans une définition générale, ce qui, dans les cas ordinaires, distingue les deux qualités. Par exemple, vous êtes appelé à rendre service à quelqu'un. S'il est à même de vous rendre d'autres services en retour, la prudence et la bienveillance se réunissent pour vous intéresser en sa faveur. S'il n'y a aucune probabilité qu'il ait l'occasion de vous être utile, vos motifs ne peuvent être puisés que dans la bienveillance seule.

Mais bien que, dans un cas donné, il puisse être difficile de démontrer que tel acte spécial de bienfaisance est commandé par les intérêts de la prudence, il n'en est pas moins vrai que les considérations de prudence personnelle occupent, en effet, à elles seules, tout le domaine de la conduite. Quelques raisons particulières que donne la bienveillance pour recommander telles ou telles actions bienfaisantes, le principe universel reste, à savoir que l'intérêt de tout homme est d'occuper une place favorable dans les affections de ses semblables, dans les affections du genre humain en général. Un acte véritablement bienfaisant, qui peut sembler étranger aux considérations de prudence, en admettant toujours que l'acte en lui-même ne viole point la prudence, et qu'il a la sanction du principe déontologique, en produisant un excédant de bien; un tel acte, dans ses conséquences éloignées, servira les intérêts personnels en aidant à créer, à établir, à étendre cette réputation générale de bienveillance éclairée que tout homme a un intérêt évident à posséder dans l'opinion de ses semblables.

Nous lisons dans Suétone qu'un tyran de Rome offrit une récompense à celui qui parviendrait à inventer un nouveau plaisir.

Depuis, plus d'un moraliste a mis ce désir du tyran au nombre de ses crimes les plus funestes.

Et pourtant, une grande portion de la sollicitude de l'homme est dirigée vers la découverte de jouissances nouvelles. Du moment où des êtres humains s'associent, c'est sur cet objet que se porte principalement leur activité. Plus l'association s'étend, plus on fait d'effort pour trouver quelque jouissance inconnue. Les journaux nous en offrent chaque jour la preuve. La liste des représentations théâtrales est un appel fait à notre attention par l'attrait des nouveautés, en nous offrant quelque plaisir non encore goûté.

Mais, dira-t-on, ce tyran était un voluptueux; c'était quelque nouveau plaisir sensuel qu'il demandait; il voulait faire servir ses sens à la production de quelque volupté nouvelle. Et quand cela serait? S'il eût réussi, c'eût été tant mieux et pour lui et pour nous. Et quant à venir nous parler de plaisirs dont les sens ne soient pas les instrumens, parlez-moi de couleurs pour les aveugles, de musique pour les sourds, et de mouvement pour ce qui est sans vie.

Et néanmoins, il est un fait constant, c'est que la civilisation, la science, le commerce, ont inventé de nouveaux plaisirs. Et sous ce rapport, aucune génération ne passe sans avoir ajouté quelque chose à ce que lui avait légué la génération précédente. La découverte de l'Amérique a ouvert à notre hémisphère la source de mille jouissances nouvelles.

Et combien de plaisirs variés et précieux nous ont valu les progrès des sciences naturelles; les expériences de la chimie, les découvertes de l'astronomie, le télescope, le microscope, la puissance des machines, l'histoire naturelle, un monde tout entier nous a été donné par la science moderne, monde plus vaste que celui que découvrit Colomb.

Tout cela, et tout ce qui ajoute quoi que ce soit au bonheur, a été ajouté au domaine de la bienveillance effective. C'est là qu'il faut s'adresser, c'est là qu'il faut recourir, pour accomplir l'œuvre de la félicité humaine. Toutes les fois que vous aurez découvert une nouvelle source de jouissance, ce sera autant d'ajouté à la somme totale des biens reproductifs.

Et si la récompense proposée autrefois par un despote était offerte aujourd'hui par la bienveillance intelligente, elle serait accordée à celui qui réussirait à indiquer la plus grande variété de formes sous lesquelles le plaisir peut se produire, et le meilleur moyen d'en garantir la quotité, l'intensité, la durée et l'étendue.

Assurer à la bienveillance effective son exercice, son influence et ses développemens, c'est là le grand objet que se propose la vertu. Et qu'on ne croie pas que cette bienveillance soit limitée à la race humaine : les autres êtres vivans, bien que d'une nature inférieure, ont des droits à notre sollicitude. Il y a du bonheur par-delà la sphère des êtres humains, du bonheur auquel l'homme ne saurait rester étranger, dont il a été constitué le gardien, quoique ceux qui participent à ce bonheur n'appartiennent pas à la race humaine. Que les hommes se rappellent que le bonheur *où il soit,* et *qui que ce soit* qui l'éprouve, est le principal dépôt confié à leur garde ; que tout autre objet est indigne de leur sollicitude, et que c'est là le seul joyau inestimable.

On a dit que la probité est le meilleur des

calculs. Cela n'est pas d'une vérité absolue. Il y a un calcul qui vaut mieux encore, c'est celui de la bienveillance active. La probité n'a qu'un caractère négatif : elle évite de faire tort ; elle ne permet pas de troubler les jouissances d'autrui. Cependant ce n'est qu'une qualité d'abstinence ; ce n'est pas une qualité active. Le meilleur calcul c'est de faire le bien ; le meilleur après celui-là, c'est d'éviter le mal.

Les modes dans lesquels la bienveillance effective peut se rendre agréable à autrui par des actes, peuvent être classés comme ceux dans lesquels la molestation est évitée, et se divisent en deux branches : 1. Le langage. 2. La conduite. Et de même que la morale négative étend sa juridiction sur les actes que les lois laissent impunis, et qui échappent à l'intervention trop haute et trop solennelle de la sanction politique, de même la morale positive embrasse la conduite et les actes auxquels l'État n'a point assigné de récompense. Mais comme l'intervention de la loi est plus répressive et prohibitive que rémunératoire, comme elle a beaucoup plus pour mission de réprimer le mal que d'encourager le bien, il en résulte que l'autorité légale ou politique n'a pris possession que d'une faible partie du domaine de la bienfaisance active. Il est beau-

coup d'actes de malfaisance qui tombent sous
la juridiction pénale de la loi, tandis qu'elle n'assigne aucune récompense aux actes de bienfaisance qui leur correspondent. Pour la répression
d'un grand nombre d'actes, qui auraient pour
résultats une balance de peines, l'autorité déontologique obtient l'aide et l'influence de la puissance légale rétributive, chacune des deux prêtant à l'autre l'appui de sa force restrictive;
mais dans les régions de la bienveillance positive, le principe déontologique est pour la plupart du temps abandonné à ses propres influences pour la production du bien. Quoique les
sanctions légales de châtiment soient, en beaucoup de cas, mal appropriées aux délits,
l'application des récompenses par ces mêmes
sanctions, est encore plus irrégulière et plus im-
parfaite. A mesure que les lumières se propage-
ront, que la moralité fera des progrès, l'état de
l'opinion publique coïncidera de plus en plus avec
l'esprit du code déontologique, les affections populaires mettront plus de soin à distinguer les
vraies vertus des fausses, et à donner à la vertu
réelle la récompense qui lui est due. En attendant, c'est à atteindre ce but que chacun de nous
doit travailler autant qu'il est en lui, observant
la conduite des autres, réservant les plus grands

témoignages de son approbation pour les actes qui ont produit ou qui doivent produire la plus grande somme de bonheur, et flétrissant de toute la puissance de sa réprobation la conduite qui amène ou qui crée la plus grande somme de maux. C'est ainsi que chacun contribuera pour sa part à rendre les sanctions populaires plus utiles, plus salutaires, plus actives, plus vertueuses. Le genre humain ne tardera pas à découvrir que ses intérêts se lient à ceux de la vraie moralité; et cette découverte, une fois rendue universelle, il ne sera plus au pouvoir du sophisme, du dogmatisme, ou du despotisme, d'arrêter son influence, son action universelle.

En ce qui concerne le langage, la bienveillance positive doit rechercher les moyens les plus efficaces de le faire servir au bonheur d'autrui. Et les occasions qui s'offrent à notre considération sont, comme nous l'avons vu plus haut, celles où la personne, objet de la conversation, est présente; celles où elle est absente; enfin celles où non seulement cette personne, mais d'autres encore sont présentes.

Dans tous ces cas, le plaisir produit doit principalement dépendre du pouvoir qu'exerce celui qui parle : pouvoir intellectuel, moral et actif;

pouvoir provenant de sa sagesse, de ses lumières, de ses affections sociales, et de la volonté qu'il a de donner à ces choses une direction bienfaisante; pouvoir de la supériorité, dans toutes ses formes, soit politiques, soit sociales; supériorité d'âge, de position, de fortune, ou autre. Que le langage soit parlé ou écrit, la mission de la bienfaisance active est d'employer son action soit à éloigner la peine, ou les sources de peine, soit à procurer le plaisir, ou l'introduction des sources de plaisir.

En présence de la personne dont vous parlez, et autant qu'il vous est loisible de choisir les sujets de conversation, donnez toujours la préférence à ceux que vous savez les plus propres à lui plaire, ayant soin néanmoins de ne rien dire qui ait pour résultat d'affaiblir votre réputation de véracité, ou qui implique approbation de paroles ou d'actions pernicieuses. Vous infligeriez un dommage réel dans le premier cas à votre réputation, dans le second à la moralité de celui qui vous écoute. Mais si l'occasion se présente de parler d'actes méritoires de votre interlocuteur, donnez-lui tous les éloges, tous les encouragemens que la vérité autorise.

Cependant, pour empêcher que de ce bien ne résulte un plus grand mal, prenez en considéra-

tiou le caractère de l'individu, et assurez-vous
qu'en exaltant son mérite, vous ne donnez pas à
son orgueil et à sa vanité un tel accroissement
qu'il en résulte du mal pour lui-même ou pour
autrui.

Si la qualité qui paraît à son possesseur un
avantage ou un mérite, est réellement de nature à nuire à autrui par son exercice, c'est-à-
dire à causer un mal prépondérant, soit à son
possesseur, soit à autrui, l'adulateur qui en en-
courage le développement devient complice de
tout le mal produit en conséquence par la personne adulée. De même, si votre flatterie excède
les limites de la vérité, et que la personne que
vous flattez s'aperçoive que vous ne dites pas la
vérité et que vous le savez vous-même, vous
pouvez devenir pour elle un objet de mépris et
d'aversion; votre influence auprès d'elle peut
être détruite pour l'avenir; et il est possible
que les éloges même sincères que vous lui auriez
donnés précédemment, perdent à ses yeux toute
leur valeur.

Nous avons parlé de la molestation causée par
des avis donnés mal à propos, lorsque nous nous
sommes occupés des prescriptions de la bienveillance d'abstinence. Dans la manière de communiquer des conseils, même utiles, il y a presque

toujours quelque chose de contrariant, d'insultant, quelque chose de l'arrogance qui assume l'autorité et exerce une sorte de despotisme. Or, si les hommes étaient aussi disposés et aussi prêts à donner des raisons qu'ils le sont à donner des règles, on s'épargnerait beaucoup de mal, et on ferait quelque bien. L'orgueil est satisfait sans doute de pouvoir débiter ses censures, et l'amour-propre se trouve flatté ; mais c'est à des frais énormes, au prix d'un grand sacrifice de bienveillance. Cependant, des avis convenables, donnés convenablement, sont prescrits par le savoir-vivre et une moralité saine.

Il y a dans le monde une espèce de gens, détestables importuns, hypocrites sans pudeur, effrontés hardis, qui, sous le masque de conseillers obligeans, produisent de grands maux.

Le vice n'est jamais plus à l'aise, jamais plus tyrannique, jamais plus ambitieux, que lorsqu'il croit avoir trouvé un masque sous lequel il pourra passer pour vertu ; et il est des masques, en effet, qui trompent quelquefois jusqu'à ceux qui les portent. C'est une illusion à laquelle ils se prêtent volontiers, et dans laquelle ils trouvent un encouragement pour faire d'audacieuses expériences sur la crédulité, la timidité ou la faiblesse des autres.

Le meilleur moyen qu'ait un homme d'asservir la faiblesse des personnes auxquelles il a affaire, et d'employer leur intelligence à subjuguer leur volonté, c'est de prendre le rôle de donneur d'avis utiles.

Ce rôle, certains hommes le jouent si adroitement, qu'ils fondent sur le mal qu'ils disent d'autrui l'édifice de leur propre élévation.

Ce n'est pas que les conseils du donneur d'avis, quelque peu judicieux qu'ils soient, puissent toujours être regardés comme une preuve d'intention malveillante ; car, bien que déraisonnable, conçu à la hâte, et communiqué inconsidérément, l'avis peut néanmoins avoir sa source dans la sympathie, et être réellement une marque de bon vouloir.

Mais ce sont des cas exceptionnels. L'égoïsme sans mélange de sympathie inspire habituellement le conseiller bénévole. L'égoïsme pur suffit abondamment à la production de ce caractère. Et si l'on n'a pas des raisons valables pour mettre l'intervention sur le compte de la bienveillance, on peut l'attribuer, sans craindre beaucoup de se tromper, à quelque qualité d'une tout autre nature.

La moralité exige donc qu'on s'abstienne de l'habitude de donner des conseils ; cependant, s'il y a urgence manifeste, nécessité évidente et incontestable, accompagnez vos conseils de raisons et de motifs qui les justifient, autant que possible, aux yeux de la personne conseillée; et faites en sorte de ne lui faire que le moins de peine possible, autant que cela sera compatible avec l'effet que votre conseil doit produire. Sans une preuve évidente de la nécessité de son application et de la probabilité de son succès, la vertu exige que le conseil soit supprimé, et que le conseiller s'abstienne.

La vengeance prend quelquefois le masque du conseil. Pour gratifier son mauvais vouloir, un homme en censure un autre, sous prétexte de lui donner des avis. Il inflige un mal considérable, pour le faible plaisir que cette infliction lui procure. En ce qui le concerne, nul doute que l'infliction de ce mal ne lui soit un bien; car il n'y a pas d'action qui n'ait sa source dans ce motif. Quelque énorme que soit le mal, quelque faible que soit le plaisir de l'infliger, cependant ce plaisir est un bien, et doit être mis en ligne de compte. Mais la loi de la bienveillance effective exige que, dans l'avis que vous donnez à un homme, ou dans le mal que vous dites de lui dans l'intention de lui faire du bien, le mal ne soit pas inutilement prodigué. Ce n'est que lorsqu'il y a nécessité absolue d'attirer sur lui les châtimens de la sanction populaire, que vous êtes autorisé à dire aux autres du mal de lui, et encore vous devez vous assurer qu'il y a probabilité que le châtiment aura un résultat salutaire.

La franchise est quelquefois une vertu; quelquefois elle n'en est pas une. Quand elle conduit uh homme à faire de ses sentimens une déclaration qu'on ne lui demande pas, il n'y aurait pas en lui défaut de franchise à s'en abstenir; à quelques exceptions près, il faut éviter de déclarer son opinion sans nécessité. Si l'on vous demande de faire connaître votre sentiment, et que vous vous absteniez de le faire, il y aura dans cette conduite défaut de franchise; mais elle ne sera pas pour cela blâmable. Lorsqu'aucun mal, sous quelque forme que ce soit, ne peut résulter de l'expression de notre opinion, et qu'elle nous est demandée, la franchise alors est louable.

Nous avons dit que l'une des manifestations de la bienveillance effective-négative consiste à s'abstenir de relever les défauts et les infirmités d'autrui. La qualité correspondante, dans la région de la bienveillance effective, consiste à faire valoir les talens et le mérite d'autrui; mais, comme on doit naturellement le conclure d'après les observations précédentes, si, dans la partie négative du domaine de l'action, il n'y a ni restrictions ni limites, puisque là, éviter d'agir, c'est éviter de mal faire, il n'en saurait être de même de la partie positive. Là, il faut prendre garde que le bien produit, le plaisir acheté, ne coûtent pas plus qu'ils ne valent, en amenant la destruction d'une plus grande somme de bien, ou la création d'une plus grande portion de mal.

En se renfermant dans ces limites, c'est un acte de bienveillance effective que d'accorder à une conduite méritoire toute l'approbation qui lui est due. La louange a pour effet de disposer à l'imitation, et vous servez aussi efficacement la morale en encourageant la vertu qu'en démasquant ou réprouvant le vice. La spontanéité de l'éloge lui donnera un nouveau prix et lui imprimera un caractère de générosité. Lorsqu'une action est évidemment bienfaisante à l'humanité, et que les autres hommes, faute du courage nécessaire, ne portent sur elle que des jugemens indécis, faites tout ce qui dépend de vous, dans les limites de la prudence, pour qu'elle obtienne le bénéfice et la sanction de votre approbation.

Dans nos rapports avec les autres, la bienveillance peut exiger quelquefois que nous réformions leurs opinions sur des points qui affectent leur bonheur. En général cependant, il vaut mieux rechercher les points où les opinions coïncident que ceux où elles diffèrent ; mais quand des points de dissentiment sont en discussion, donnez à cette discussion le caractère d'une recherche faite en commun pour arriver à la vérité, d'une investigation qui doit bénéficier aux deux parties, plutôt que d'une lutte ayant la victoire pour objet, plutôt que d'une manifestation de dogmatisme. Les lumières communiquées par la bienveillance obtiennent sur nous le double empire de l'intelligence et de la vertu, de l'intelligence employée à extirper du sol les productions du mal, de la vertu occupée à y déposer des semences de bien.

Quand vous avez à entretenir quelqu'un de deux sujets, dont l'un est intéressant pour lui, l'autre pour vous, commencez par celui qui l'intéresse lui-même ; vous le disposerez favorablement à votre égard, et ce sera un plaisir que vous lui aurez conféré.

Si vous n'avez pas la certitude que la matière dont vous avez à lui parler l'intéresse, laissez-lui toute facilité pour entamer la conversation par le sujet qui peut lui être le plus agréable.

La puissance de la presse est un instrument de bien et de mal dont l'influence sur la félicité humaine, bien qu'impossible à définir, est assurément des plus étendues; et comme la réaction de l'opinion sur un écrivain, surtout s'il est anonyme, est ordinairement moins positive que si la responsabilité individuelle était là pour répondre des conséquences des pensées ou des actes, c'est plutôt sur les prescriptions de la bienveillance que sur celles de la prudence que la société doit s'en reposer pour imprimer une direction convenable aux productions de l'écrivain. Elles agissent dans un domaine vaste, proportionné au nombre des lecteurs et à l'influence de ces lecteurs sur la société. Lorsqu'un écrivain, du sein d'une retraite inaccessible, met au jour des opinions qui blessent les sentimens d'autrui, ses affections dissociales ne rencontrent point le même contrôle que si elles s'exprimaient de vive voix. Cependant, si le désir de maximiser le bien était sans cesse présent à la pensée des écrivains, s'ils avaient moins en vue quelque objet d'hostilité individuelle que le grand objet de la félicité générale, l'atmosphère de l'opinion serait bientôt brillante et pure.

Les réunions publiques, les assemblées délibérantes, offrent souvent l'occasion d'exercer la

bienfaisance active sur une vaste échelle. Mais
dans l'excitation que produit toute agglomération
nombreuse, ce sont presque toujours les
passions qui dominent; et les passions de l'orateur, agissant sur celles de l'auditeur, amènent
des conséquences que la bienveillance déplore.
Cette habitude funeste, et quelquefois perfide,
d'attacher à la conduite des qualifications d'éloge
ou de blâme; cette habitude de considérer les
actions non sous leur véritable caractère, sous
leur forme simple, mais en leur associant des
termes de louange ou de reproche, n'a que trop
de chances de prévaloir dans des occasions où
l'on a tout autant à cœur de remuer les passions
des hommes que de convaincre leur jugement,
où le grand objet de l'ambition de l'orateur est
de trouver des instrumens qui le mettent à même
d'entraîner ses auditeurs aux conclusions où il
désire les amener. Mais que la loi déontologique
soit présente à son esprit, et il ne désirera de
triomphe que celui du principe qui a pour objet
la maximisation du bonheur des hommes. Si
c'est là le but, le seul but qu'il se propose, la
victoire de toute opinion plus conforme à ce
principe que la sienne sera regardée par lui
comme sa propre victoire.

Quel que soit l'objet utile que notre interven-

tion ait pour objet d'accomplir, le meilleur
moyen d'atteindre ce but est d'employer la véracité et d'éloigner l'exagération. Si nous avons
à parler d'actions quelconques, représentons-les
comme elles sont, sans y ajouter ces termes
d'approbation ou de censure par lesquels nous
avons coutume de distraire l'attention de l'action elle-même pour la reporter sur l'estimation
que nous en faisons. La meilleure preuve, c'est
le simple énoncé des faits; la pire de toutes est
celle qui commence par tordre et torturer les
faits pour leur donner une forme prédétermi-
née, et les communiquer ensuite aux autres en
leur accolant un jugement tout fait. Or, l'homme
qui, me demandant mon opinion sur la conduite
d'un autre, me fait connaître sa propre opinion
au moment où il m'adresse cette question, cet
homme fait tout ce qui est en son pouvoir
pour me priver de la faculté de former un jugement consciencieux, et de m'exprimer avec
véracité.

Signaler les abus de l'administration publique
est l'une des hautes fonctions exercées par la
bienfaisance effective, et la mission de la vertu
intellectuelle est de faire en sorte, en les signalant, que leur suppression soit accomplie au
prix du moindre sacrifice possible de la part de

ceux qui sont intéressés à leur maintien; car il arrive souvent que, dans notre empressement à écarter un mal, nous infligeons à un individu ou à une classe un mal plus grand que celui dont nous affranchissons la communauté, et que les souffrances éprouvées par le petit nombre ne sont pas contrebalancées par les avantages obtenus pour le grand nombre. Lorsqu'on demande des réformes politiques, il est rare qu'on fasse entrer en considération, comme l'exigeraient la bienveillance et la moralité, la situation de ceux qui profitent de l'état de choses qu'il s'agit de réformer. « Détruire les abus », c'est là sans doute la maxime d'une sage politique; mais, en les détruisant, faites en sorte de créer le moins possible de désappointement, de molestation ou de peine. Un homme occupe une place dont le traitement est trop élevé; mais il l'occupe sous la convention tacite entre lui et les autorités publiques, que son poste lui sera conservé : est-il sage, est-il juste de le destituer? Peu importe comment on résoudra cette question; mais ce qu'il y a de certain, c'est que le principe de la maximisation du bonheur, tout en veillant à ce que personne ne remplace cet individu aux mêmes conditions, fera en sorte également qu'aucun tort individuel ne lui soit infligé, et qu'un bien public à venir ne soit pas acheté au prix de son malheur présent.'

On peut trouver dans quelques règles de la bienveillance et de la bienfaisance positive une source immédiate de bonheur au milieu des événemens de la vie commune.

Toutes les fois que vous n'avez rien à faire, en d'autres termes, toutes les fois que vous n'avez en vue aucun objet spécial de plaisir ou de profit, de bien immédiat ou éloigné, mettez-vous à faire du bien, de quelque nature que ce soit, aux hommes, à tous les êtres vivans rationnels ou irrationnels, à un seul ou à plusieurs, à un individu ou à la race tout entière.

En agissant ainsi, et dans la mesure de vos actes, vous amasserez dans les cœurs de vos semblables un trésor de sympathie et de bonne renommée qui sera à votre disposition quand vous en aurez besoin. Chemin faisant, quels que soient les résultats pour vous ou pour eux, vous aurez exercé vos facultés intellectuelles et corporelles, et par cet exercice vous les aurez for-

' C'est une chose remarquable dans Bentham, que cette généreuse sollicitude pour les intérêts individuels dans la réforme des abus politiques dont il fut toute sa vie l'adversaire inflexible et infatigable. C'est là que cette âme bienveillante se révèle tout entière.

tifiées. En tout cas, vous aurez éprouvé et goûté le plaisir d'exercer vos forces physiques ou morales; car l'exercice des forces a cela de particulier, qu'à lui seul il est un plaisir, indépendamment des avantages qu'on peut retirer, soit des fruits du travail, soit de tout autre résultat de cet exercice.

La chose ne saurait être contestée; l'expérience universelle en offre la preuve; témoin le plaisir que procurent les jeux d'adresse dont tout profit pécuniaire est exclu; par exemple, parmi les exercices de l'intelligence, le jeu d'échecs ou le jeu de dames; parmi les exercices du corps, les marches longues et rapides, les courses à cheval.

Quand vos efforts ont pour but de faire du bien à un individu, en un mot, de lui rendre service, si vous avez le choix du mode ou des moyens, cherchez celui qui est le plus de son goût.

Si, suivant vos propres idées, vous l'obligez à votre manière et non à la sienne, vous pouvez réduire indéfiniment la valeur de vos services. Si vous poussez trop loin cette prétention d'obliger un homme non comme il désire l'être, mais comme il doit l'être, comme il est de son intérêt qu'il le soit, votre action, au lieu d'être de

la bienfaisance, ne sera que de la tyrannie ; ce
sera un exercice de pouvoir pour gratifier l'affection personnelle, non un acte de bienfaisance
pour satisfaire l'affection sympathique ou sociale.

Il est vrai que, pourvu que vous procuriez à
l'individu en question un excédant de bien, vous
avez la liberté de régler vous-même la quantité
de bien que vous produirez, et que cette quantité soit grande ou petite, c'est toujours un acte
de bienfaisance ; mais si, en vous imposant une
légère contrainte à la suite d'un peu de réflexion,
vous pouvez le servir à sa manière et l'obliger
selon son goût, il y a de votre part fausse économie et faiblesse à préférer lui faire moins de
bien à votre manière, tandis que vous pourriez
lui en faire plus, lui rendre de plus grands services, en l'obligeant à sa manière et non à la
vôtre.

Dans la croyance sincère que nous agissons
sous la véritable influence de la bienveillance,
nous sommes quelquefois entraînés à des actes
inopportuns et tyranniques. On s'arroge le pouvoir de faire ce qu'on croit être le bien. Faire le
bien est un acte bienfaisant, d'où l'on conclut
qu'il faut le faire. La bienfaisance est une vertu,
et la vertu doit être pratiquée dans tous les
cas.

Sous la foi de ce sophisme, on a inondé la terre d'un déluge de maux, et cela dans les intentions les plus bienveillantes.

Voilà où le mal prend sa source. Un homme s'imagine qu'il sait mieux que personne ce qui convient aux autres; qu'il connaît mieux qu'eux leurs sources de bonheur; qu'il possède des lumières plus sûres, et qu'ayant plus de puissance, il peut leur rendre ses lumières profitables. Il s'est formé des idées à lui de ce qui est bon. Il est fermement convaincu que telle ou telle chose est bonne; et comme elle est bonne, il prétend obliger les autres à la recevoir et à l'adopter, par le motif qu'elle est bonne et parce qu'il le sait par expérience.

Et cependant le despotisme n'est jamais plus funeste que lorsqu'il se produit sous le manteau de la bienveillance; il n'est jamais plus dangereux que lorsqu'il agit dans la conviction qu'il représente la bienveillance.

Les plaisirs et les peines, les amertumes et les joies de l'existence d'un homme ne peuvent être appréciées que par lui. Ce n'est pas à la personne qui se propose de faire le bien, mais celle à qui il est destiné, qu'il convient de juger ce qui lui est bon. Il peut se faire qu'un autre ait pour but d'augmenter mon bonheur; mais je suis seul le gardien et le juge de ce bonheur. Ses sentimens ne sont ni ne peuvent être les miens. Il ne peut comprendre mes sentimens que lorsque, soit par ses propres observations, soit par de libres communications de ma part, il est parvenu à découvrir les ressorts de mes actions, mes plaisirs et mes peines. Mais aucune observation de sa part, aucune communication de la mienne, ne peuvent l'avoir initié aussi complétement que moi-même à mes jouissances et à mes souffrances, et toute prétention à en savoir plus que moi à cet égard, est une velléité d'usurpation.

Evitez donc de faire du bien à un homme contre sa volonté, ou même sans son consentement. Obtenez d'abord son consentement, ou soyez sûr de l'obtenir après. Si le bien que vous vous proposez de lui faire est tel qu'il doive réellement, dans sa pensée, ajouter à son bonheur, il ne vous opposera à cet égard aucune résistance. Nul ne s'oppose à voir augmenter son bonheur, lorsqu'il a des raisons de croire que cette augmentation aura lieu. Dans son intérêt, ne manifestez pas, dans le vôtre, réprimez le déplaisir que pourrait vous faire éprouver son refus du bien que vous lui offrez. Il y aura plus de véritable bienfaisance à vous abstenir qu'à

persister mal à propos dans le projet le plus bienfaisant.

C'est à cette source, à cette prétention de faire
du bien aux autres en dépit d'eux-mêmes, que
se rattachent les plus effroyables persécutions
religieuses. Elles prenaient leur origine dans le
désir d'être utile aux persécutés, de leur donner
l'occasion de jouir de ce bonheur éternel dont
on supposait que leur persistance dans l'erreur
les priverait entièrement. Et qu'on ne croie pas
que ces forfaits qui ont couvert le monde d'un
déluge de calamités, doivent être attribués à des
intentions malveillantes. Faire le mal pour le
mal n'est pas dans la nature de l'homme. Les
attentats les plus horribles, les forfaits les plus
dévastateurs et les plus meurtriers, si on remonte
à leur origine, on n'y verra qu'une aberration
du principe qui nous fait rechercher le bonheur;
que la création d'un mal destiné à en empêcher
un plus grand, mais se méprenant dans son but,
et calculant mal ses moyens. Et ces méprises,
ces erreurs de calcul, ce qui les a le plus multi-
pliées, c'est le despotisme des *intentions* bienveillantes; ce despotisme qui ne tient compte des
individus qu'il soumet à son influence; ce despotisme qui impose sa volonté pour mesure du
bonheur d'autrui. Un homme qui, par principe,

se prétend, ou est en effet un bienfaiteur, en dépit et contre la volonté de ceux que son intention est de servir, n'est qu'un tyran des plus funestes : bienfaisant ou non d'intention, il est nécessairement malfaisant de fait.

Nos motifs pour rechercher la bonne opinion des autres seront proportionnés au pouvoir qu'ils ont de nous être utiles. L'infériorité de position sociale diminue les moyens d'action bienveillante, et permet à peine l'exercice de la bienfaisance positive. Il y a deux moyens de nous concilier l'affection et la sympathie de nos supérieurs : en nous accommodant à leurs désirs et à leurs plaisirs, ou en manifestant des talens à l'exercice desquels ils puissent prendre un intérêt ultérieur, et qu'ils puissent espérer approprier un jour à leur usage. Mais cette dernière condition exige des talens éminens, et n'est accessible qu'à un petit nombre d'individus; l'autre est à la disposition de tous.

A mesure que l'homme grandit en supériorité, il croit en utilité. En effet, la supériorité représente le pouvoir, le pouvoir sous ses formes diverses : le pouvoir du bien, le pouvoir du mal. Associer tout le pouvoir que nous possédons à l'exercice, et conséquemment à l'habitude de la vertu, c'est donner à la vertu tous ses développemens. Quelles doivent être les limites de cette bienveillance? Elle doit embrasser tout ce qui est susceptible de peine ou de plaisir; elle ne doit pas être bornée par les limites de famille, de caste, de province ou de nation; pas même par celles de la race humaine: elle ne doit reconnaître de limites que celles de la prudence. La prudence ne doit pas permettre que l'individu sacrifie plus de bonheur qu'il n'en gagne. La bienveillance exige que chaque homme contribue le plus possible à accroître le capital du bonheur universel.

A cette universalité de bienveillance, on a fréquemment objecté qu'elle affaiblit les liens d'amitié et de famille, et donne moins de jouissances au grand nombre qu'elle n'en retire au petit nombre. Et pourquoi? L'expérience prouve-t-elle que, dans les véritables philanthropes, il y ait absence des affections domestiques? Ceux qui sont en contact avec eux ne leur offrent-ils pas l'occasion d'employer le langage et le caractère qui constituent la bienveillance? Ne devons-nous pas croire que le principe social a nécessairement plus de force et d'influence lorsqu'il met son possesseur à même d'agir sur le champ si vaste du bonheur public? En général, loin de négliger les jouissances de ceux qui sont sous sa dépendance immédiate, le véritable ami des hommes fait réagir sur le cercle de leurs jouissances privées l'influence bienfaisante qu'il exerce sur une plus vaste échelle. Ce qu'il fait pour le bonheur du genre humain est autant d'ajouté au bonheur qu'il crée dans sa sphère sociale particulière. Que personne ne craigne, ni pour lui ni pour autrui, de produire trop de bien, d'écarter trop de mal. Ce n'est pas en faveur de la bienveillance expansive qu'une méprise est à craindre. Qu'il fasse tout le bien qu'il peut, partout où il peut : il n'en fera jamais trop pour son propre bonheur ou le bonheur des autres.

Ce qui peut beaucoup ajouter à l'immoralité des actions malfaisantes, c'est l'absence de tentation; lorsque, par exemple, le mal est fait sans besoin, et que, par cette cause ou par toute autre, le plaisir acheté par le malfaiteur est peu de chose, comparé au dommage qu'il inflige à sa victime. C'est ainsi que le vol commis par un homme riche est bien plus coupable que de la part d'un homme pauvre; et dans le domaine de la bienfaisance active ou positive, lorsque le bien accompli a exigé quelque effort spécial en conséquence de la situation du bienfaiteur, le mérite (en supposant toujours que les lois de la prudence ne soient pas violées) sera proportionné à la grandeur du sacrifice. De même qu'un acte nuisible sera naturellement regardé comme une preuve de malveillance s'il a pour conséquence naturelle la production d'autres actes nuisibles ; de même, les actes bienfaisans les plus louables seront ceux qui auront pour résultat et pour effet la création d'autres actes de bienfaisance, c'est-à-dire, lorsqu'un acte vertueux sera productif d'autres actes de vertu.

L'exercice de la bienveillance effective positive amène une augmentation dans le pouvoir qui constitue la supériorité. De deux hommes occupant une position égale à l'égard d'autrui, celui qui contribuera plus au bonheur des autres obtiendra infailliblement plus d'influence, et disposera d'une plus grande quantité de services. Il fortifiera sa position en augmentant le nombre de ses bonnes actions. Tout bienfait qu'il aura conféré à autrui lui sera productif. Les bienfaits que nous conférons aux autres augmentent la somme de pouvoir dont ils disposent ; et toute augmentation dans le pouvoir de ceux qui ont la volonté de nous rendre service est un accroissement de notre pouvoir. Heureusement qu'il n'y a pas de limites à l'intérêt composé que les actes bienveillans rapportent à la bienveillance effec-

tive. Des semences déposées par la vertu, il en
est bien peu qui ne fructifient.

Et la reconnaissance que nous témoignons à
celui qui nous a fait du bien est, de notre part,
un acte de bienfaisance positive.

On peut établir en principe qu'un homme voit
le capital de ses plaisirs augmenter en proportion de la somme de plaisirs qu'il confère à autrui. Sa générosité deviendra la mesure de son
opulence. Toutes les fois qu'il se crée un plaisir
par la communication d'un plaisir ou la suppression d'une peine, il augmente la somme de son
propre bonheur d'une manière directe, prompte,
certaine. Toutes les fois qu'il oblige quelqu'un,
il augmente la somme de son propre bonheur
d'une manière indirecte, éloignée, lente; mais,
dans les deux cas, la bienveillance ajoutera à son
bien-être.

Que conclure de là? Lorsque vous n'avez pas
l'occasion d'ajouter à votre bonheur d'une manière directe, cherchez les moyens d'y faire des
additions indirectes. Dans le domaine de la bienveillance active, il y a toujours à faire.

La nuit est destinée au repos; comment pouvez vous mieux employer la journée qu'à la
recherche du bonheur? Vous ne pouvez pas toujours ajouter à votre capital par des moyens di-

rects; il vaut mieux y ajouter par des moyens indirects que de n'y rien ajouter du tout. Ces moyens indirects consistent dans les œuvres de bienfaisance.

Peut-être préférez-vous les plaisirs solitaires. Vous êtes seul; vous fumez votre cigare, vous buvez votre café : vous faites bien si votre jouissance ne cause de molestation à personne. Mais quels objets occuperont votre pensée? Elle ne peut être mieux occupée qu'à réfléchir à tous ces moyens divers d'être utile, que vous pouvez faire servir à votre propre bonheur, bien que leur objet principal semble être le bonheur des autres.

Nous avons signalé la promptitude comme l'une des manifestations de la bienveillance effective. En général, une attention immédiate aux matières qu'on nous présente, épargne beaucoup de peine, ou communique quelquefois beaucoup de plaisir.

Les délais ne font qu'exciter de fausses espérances, que tenir péniblement l'esprit en suspens. Dans les fonctions publiques, où les matières à examiner sont souvent de la plus haute importance, ce qui rend naturellement plus intense la sollicitude de celui que la matière concerne, la vertu qui évite les délais est particu-

lièrement méritoire. Sous ce rapport on peut
citer en Angleterre l'administration des postes
comme un véritable modèle. Là, la promptitude est à l'ordre du jour, et toutes les demandes y sont l'objet d'une attention immédiate.
C'est là une honorable distinction, à laquelle on
ne saurait donner trop d'éloges. Toutes les fois
que cette vertu est pratiquée, si rien n'est ajouté
au bonheur, il y a toujours quelque chose de
retranché à l'inquiétude.

Si chaque jour nous notions dans notre mémoire les petites circonstances qui nous ont plu
dans la conduite des autres, afin de l'imiter
dans l'occasion, et dans l'intérêt d'autrui; si,
d'un autre côté, nous remarquions les causes de
molestations créées par les autres, dans l'unique
but de les épargner à nos semblables dans nos
rapports avec eux, il ne se passerait point de
jour que nous n'ajoutassions quelque chose à
notre provision de vertu.

Vous sortez de votre domicile le matin ; beaucoup de circonstances peuvent se présenter
où il serait utile et pour votre famille et pour
les étrangers, de connaître l'heure de votre retour. Dites donc l'heure à laquelle vous croyez
pouvoir rentrer; et faites en sorte, dans l'indication que vous donnerez, d'être aussi exact que

vos prévisions pourront le permettre. Car, d'aller donner intentionnellement une indication fausse, mieux vaudrait garder le silence. Tromper à cet égard sans intention, quoique chose moins pernicieuse, n'en sera pas moins une cause presque égale de molestation.

Un étranger se présente; vous êtes chez vous : ne le faites pas attendre. Son temps ne vous appartient pas, et vous n'êtes pas juge de sa valeur. Si sa visite était convenue d'avance, il a un droit incontestable à votre prompte attention. Si vous le fatiguez à vous attendre, il aura de vous une idée moins avantageuse; et quand vous le recevrez, il se trouvera dans une situation d'esprit moins favorable, moins convenable à la discussion et à l'expédition des affaires qui l'ont amené auprès de vous. L'habitude d'exiger de nos inférieurs qu'ils perdent leur temps dans nos antichambres est un des méfaits de l'orgueil aristocratique et administratif; si la somme de molestation endurée dans l'antichambre de plus d'un grand personnage était additionnée, et qu'on lui en présentât le résultat, on le ferait rougir de la quantité de peine inutilement créée par lui. L'orgueil ne se nourrit en grande partie que de souffrance; de souffrance créée par lui gratuitement et pour son bon plaisir, sans rien

ajouter à ces élémens de puissance dont il se propose principalement la possession. Au contraire,
l'orgueil sape ses propres fondemens par l'étalage importun de son influence. S'enorgueillir
du pouvoir de mal faire, c'est quelque chose ;
s'enorgueillir de posséder ce pouvoir, sans l'exercer, c'est quelque chose de mieux encore ; mais
nous enorgueillir du mal que notre orgueil a
causé à autrui, c'est la manifestation d'un vice
également bas et malfaisant.

Les lois du savoir-vivre peuvent être ratta-
chées aux plaisirs de l'affection auxquels ils appartiennent. Subordonnées à la bienveillance
effective positive, dans les relations habituelles
de la vie, elles nous prescrivent de rendre tous
les services, de créer tous les plaisirs, que ne
réprouvent pas les lois générales de la prudence
et de la bienfaisance. La politesse, quand elle dé-
génère en formalités et en cérémonies, perd le
charme de la bienfaisance. Pris isolément, les
actes du savoir-vivre sont de peu d'importance ;
réunis, on verra que la somme de peine et de
plaisir qui s'y rattache est très considérable. Le
savoir-vivre est une qualité toujours nécessaire
dans nos rapports avec autrui ; car, on trouverait difficilement une action qui ne soit productive d'une somme plus ou moins grande de peine

ou de plaisir, cette peine ou ce plaisir dépendant souvent de la bonne ou mauvaise grâce avec laquelle l'action est faite.

Il est impossible de jeter les yeux sur les événemens de chaque jour, sans voir constamment se reproduire les circonstances où l'homme bienveillant contraste avantageusement avec celui qui ne l'est pas. Tout le monde peut avoir remarqué combien peu de sacrifice personnel il en coûte à certaines personnes pour se concilier le bon vouloir d'autrui, et pour trouver à l'exercice des affections sympathiques des occasions qui échappent à l'attention ou à la sollicitude d'esprits doués d'une constitution moins heureuse ou d'une éducation moins vertueuse.

Par exemple, vous êtes dans une voiture publique, en compagnie d'autres voyageurs, tous dépendans les uns des autres pour les commodités du voyage. Voyez maintenant que de sujets de dissentiment peuvent naître! Lèvera-t-on ou baissera-t-on les glaces? En lèvera-t-on une ou deux? Un voyageur les lève ou les baisse, sans tenir compte des remontrances de tous les autres. En cette occasion, et dans cet acte spécial, ce sera de la malfaisance maximisée. Un autre en agira ainsi malgré les observations d'un voyageur, tous les autres gardant le silence;

un troisième le fera, sans avoir entendu ou consulté le sentiment des autres. La véritable morale aussi-bien que la vraie politesse exigeraient que l'on consultât la majorité; et s'il se trouvait quelqu'un dans la voiture que les glaces baissées ou levées incommodassent spécialement, il faudrait présenter ce cas particulier à la considération du reste de la compagnie. Mais si tout le monde refuse d'entendre raison? C'est un cas qui se présente rarement. Néanmoins, l'intérêt de la personne raisonnable est de céder.

Quel côté de la voiture occuperai-je? Supposons, ce qui arrive fréquemment, qu'un voyageur soit incommodé de telle position particulière, par exemple d'aller en arrière et en tournant le dos aux chevaux, ou de s'appuyer sur le côté droit ou le côté gauche; la bienfaisance exige que moi, qui souffre peu, ou moins, ou pas du tout, de cette position, je cède ma place à celui qui en souffre davantage. Mais en la cédant, je fais abandon d'un droit dont la reconnaissance importe au bien général, et empêche les méprises, les querelles et leurs conséquences. Cela est vrai, c'est un sacrifice que je fais; mais je le fais dans un intérêt de bienveillance; j'abandonne temporairement un faible plaisir pour procurer à un autre un plaisir temporaire plus grand. J'ai ajouté quelque chose à la somme du bonheur général. J'ai excité la reconnaissance; j'ai fait du bien à un autre et à moi-même.

La voiture s'arrête; un voyageur désire prendre quelque chose; il dit qu'il a faim ou soif; il n'a pas eu le temps de déjeuner avant le départ de la voiture; il demande à ses compagnons de voyage de consentir à un léger délai. Ils ont le pouvoir et le droit de lui refuser cette satisfaction. Doivent-ils en user? Certainement non; à moins que le délai ne fût trop grand; car il se peut qu'il souffre plus du besoin que les autres ne souffriront de ce court délai.

Le dîner arrive. Le même voyageur ayant apaisé sa faim, commence à s'impatienter, et essaie d'abréger la durée ordinaire et la jouissance du repas. Voilà encore un conflit de volontés et d'intérêts. La bienveillance exige-t-elle que tous se soumettent à cette volonté individuelle? Au contraire. C'est ici l'occasion de résister et de faire agir la sanction populaire. Il convient de donner avec douceur un avertissement au voyageur impatient; de lui dire que ceux qui, quelque temps avant lui, ont donné un témoignage de patience et de bonté, ont

droit à leur tour d'en attendre autant de sa part.
Mais ce n'est pas une raison pour lui parler avec
dureté et colère. La prudence personnelle seule
suffit pour que nous nous abstenions de telles
manifestations; elle exige que nous n'infligions
au délinquant que tout juste la peine nécessaire
pour empêcher que le délit ne se renouvelle :
car que gagneriez-vous à son mauvais vouloir? Il
est votre compagnon de voyage; conséquemment il aura fréquemment l'occasion de manifester son mauvais vouloir pendant le reste de
la route, et vous pouvez en souffrir. Mais alors
pourquoi lui faire le moindre reproche? Parce
que l'intérêt de la société exige que ce manque
de bienfaisance ne demeure pas inaperçu; parce
que si la leçon est donnée convenablement, il
est probable qu'elle épargnera à l'individu lui-
même, les molestations que lui attirerait la répétition de son délit.

Un sujet de conversation est entamé. Il est
évidemment pénible à une personne de la compagnie. On exprime des opinions politiques ou
religieuses qui blessent ses sentimens. Est-ce le
cas d'adresser des reproches à celui qui parle?
En thèse générale, non; à moins que le discours
tenu ne soit d'une inconvenance grave; mais

la bienveillance, le plus souvent, cherchera à donner une autre direction à la conversation. Il faudra choisir le parti qui pourra blesser le moins le molesteur et le molesté. Il n'est pas nécessaire de faire voir que vous êtes choqué du manque de patience ou de tolérance de celui qu'a irrité l'expression d'opinions différentes des siennes; il n'est pas nécessaire non plus que vous affligiez celui qui, en traitant un sujet de conversation désagréable, n'avait peut-être pas l'intention de blesser les sentimens de son voisin. N'arrêtez donc pas la conversation par une réprimande impérieuse, ou même par des reproches quelconques. Les reproches ne seront justifiables que lorsque tous les autres moyens auront été épuisés. Si, sans employer des moyens pénibles, vous pouvez ramener la conversation sur des sujets agréables, c'est *là* qu'est votre devoir.

Et, comme conséquence nécessaire de ce que nous venons de dire, dans ces occasions où nous nous trouvons pour ainsi dire forcément dans la compagnie d'autrui, nous ne pouvons mieux exercer notre bienveillance qu'en choisissant des sujets agréables de conversation. Ces sujets, un peu d'attention les fera aisément découvrir.

L'une des ressources les plus heureuses est de deviner les richesses particulières qu'il y a dans l'esprit d'un homme, dans son expérience ou ses lumières. Ce moyen est tout à la fois flatteur pour la personne, et instructif pour nous-mêmes.

VI.

CONCLUSION.

—

En poursuivant ces investigations importantes, celui qui écrit ces pages a la conscience
de n'avoir eu en vue que l'intérêt de la félicité
humaine, intérêt fondamental auquel la raison
et la morale, si elles ont quelque valeur, doivent être subordonnées. Persuadé que remonter
à la source des erreurs, c'est les réfuter, l'auteur n'a point hésité à pénétrer dans le laby-

rinthe du sophisme, à signaler les aberrations qui peuvent accompagner des intentions honnêtes, et à démasquer les intérêts funestes du dogmatisme et de l'orgueil. Quand la philosophie de la morale aura fait de véritables progrès, l'investigateur pourra prendre un essor plus hardi, et marcher avec moins d'incertitude et de défiance. Dans l'état actuel des choses, le conseil donné dans l'église catholique est le plus judicieux qu'on puisse offrir à l'étudiant. Pour éviter les méprises, qu'il n'ajoute point foi au témoignage de ses yeux. Qu'il ait soin, à chaque pas qu'il fait, de ne pas trop se fier aux lumières de ses sens. Mais, tandis que le professeur catholique exige de son élève qu'il abdique devant lui et l'église qu'il représente ses perceptions morales et intellectuelles, le Déontologiste ne demande au sien que de soumettre ses facultés à sa propre félicité, et de lui accorder que le bonheur est le but et l'objet de l'existence; c'en est assez pour lui, et c'est sur cette supposition qu'il raisonne.

En travaillant ainsi dans les intérêts de la vérité, le Déontologiste n'emploiera aucun artifice mensonger. Que lui servirait-il de le faire? Quel serait son but? S'appliquant à lui-même la théorie qu'il présente aux autres, ses travaux mêmes sont pour lui du bonheur, et s'il réclame l'attention des hommes pour les pensées qu'il cherche à propager, ce n'est qu'autant qu'elles peuvent devenir pour eux des instrumens de bonheur. Peu lui importe qu'on lui attribue ou non l'honneur de la découverte. Il se console en pensant qu'il est des hommes, qui, aussi éclairés sur leurs vrais intérêts que zélés dans la cause de la vérité, tout occupés à se créer des droits à la gratitude sociale, sont indifférens quant au mode, soit que la découverte de la vérité soit due à leur sagacité, sa reconnaissance à leur bonne foi, ou sa propagation à leur zèle.

Parmi les espérances du Déontologiste, il en est une surtout plus élevée, plus brillante que toutes les autres, c'est qu'il travaille avec succès à hâter le jour où l'opinion donnera au principe de la maximisation du bonheur toute son expression et tout son effet. Car jusque-là de vastes calamités, d'effroyables maux, qui n'existeraient pas sans le préjugé qui les sanctionne, continueront à régner et à ravager la terre. Par exemple, la guerre, entreprise sans cause, ou pour des motifs insuffisans, doit infailliblement disparaître devant les progrès d'une saine morale. Il n'a rien moins fallu que le succès déplorable de ces hommes qui, dans des inté-

rêts personnels ou coupables, ont travaillé à
rétrécir le domaine du bon vouloir et de la sympathie, pour faire considérer comme innocentes
ou louables ces luttes meurtrières où les nations
ont été constamment engagées. Si ces hommes
n'avaient pas trouvé un instrument convenable
dans une phraséologie mensongère; s'ils n'a-
vaient pas fait retentir à nos oreilles les cris
d'honneur, de gloire, de dignité nationale, et
tant d'autres, de manière à étouffer la voix de la
félicité et de la misère humaine; s'ils n'avaient
pas, en un mot, renversé tout ce que la sagesse
ou la bienveillance de tous les temps avaient
enseigné, le plus grand des fléaux et des crimes
n'aurait pas si long-temps affligé l'humanité de
sa présence. Il y a beaucoup, beaucoup encore
à faire. Parmi tous ces hommes qui sont acteurs
dans le drame homicide de la guerre, quel est
celui qui ne regarde pas avec horreur un meur-
trier isolé? Napoléon lui-même ne s'est-il pas
vanté de n'avoir jamais commis un crime !

On peut en dire autant, quoique dans une
acception plus restreinte, de ce préjugé en vertu
duquel le pouvoir, le rang et l'opulence conver-
tissent la malveillance en innocence, le tort en
droit. Obtenir de l'argent par des moyens illégi-
times, ce délit, que la loi punit de la prison ou

des galères quand c'est le pauvre qui le commet,
paraît à peine blâmable lorsqu'il est commis sur
une vaste échelle et par de grands personnages.
La mesure des maux que le crime produit est-
elle considérée comme la mesure de son immoralité? Loin de là, c'est fréquemment en raison
de la position malheureuse du coupable qu'on
évalue sa culpabilité. Qu'il soit malpropre et
grossier dans sa mise; que son langage diffère
de celui du riche; qu'il soit un criminel *vulgaire,* en un mot, et voyez avec quelle différence il sera ordinairement jugé et puni, même
par l'opinion populaire. A ce mot de *vulgaire*
s'attache une idée d'aversion; de là une disposition à faire retomber sur le vulgaire les fruits
de cette aversion. Et cependant quel est le sens
de cette épithète? On appelle vulgaire ce qui est
en usage parmi le commun du peuple. Et qu'est-
ce que le commun du peuple, sinon la majorité
du peuple? Et, parce qu'une chose est en usage
dans l'immense majorité du peuple, est-ce une
raison suffisante pour la mépriser? Parce qu'un
usage existe dans une faible minorité, et dans
cette minorité seule, est-ce une raison suffisante
pour qu'il soit en honneur? Les poètes et les
philosophes ont vu tout ce que l'opinion a d'injuste dans ces matières; ils n'ont pas manqué

d'observer l'impunité qui accompagne les fautes des riches, et la rigueur avec laquelle les délits des pauvres sont punis. Les aphorismes, les métaphores, sont prodigués dans les pages des moralistes, depuis les versets de la Bible jusqu'aux colonnes du journal de ce matin; ce qui n'empêche pas que la même injustice ne soit commise, et on continuera de la commettre jusqu'à ce que les hommes sachent que la vertu se compose de plaisir, le vice de peines, et que la morale n'est que la maximisation du bonheur.

L'état de l'opinion relativement au duel est également déplorable et immoral. Prenez un de ces cas si fréquens où l'on peut dire que le mal et la sanction populaire se sont ligués ensemble. Un homme impute à un autre un mensonge volontaire; et dans ce cas, selon la jurisprudence ordinaire, un homme est autorisé à ôter la vie à un autre homme, et à risquer la sienne. La grandeur de la souffrance peut-elle, moins qu'en cette occasion, être proportionnée à sa nécessité? Il a été dit un mensonge, et, pour cela, il faut que celui qui l'a dit risque sa vie. Et parce qu'un mensonge a été articulé, il faut qu'une personne innocente qui a eu peut-être à en souffrir, soit mise sur la même ligne que le coupable, et obligée de risquer sa vie. La barbarie

put-elle jamais imaginer une distribution plus
monstrueuse de pénalité? Mais c'était un mensonge, un mensonge volontaire! Et quel est
l'homme qui, en appelant un autre à expier de
sa vie un mensonge, peut dire la main sur la
conscience qu'il n'a jamais articulé un mensonge; qu'il n'a pas menti quelquefois; qu'il n'a
pas menti souvent? Si l'on sonde dans ses replis
ce qu'on appelle le point d'honneur, on y verra,
non un témoignage de force et de pureté con-
sciencieuse, mais au contraire la preuve que
la personne se juge, se condamne elle-même
d'avance, et qu'elle se sent intérieurement faible
et attaquable. Mais, sous ce rapport, le tribunal
du vulgaire est beaucoup plus éclairé que celui
des privilégiés. Le duel n'est pas encore descendu
dans les masses; et si parfois il a tenté de s'y introduire, le ridicule a suffi pour en faire justice
et en arrêter les progrès. La sanction populaire
a mis le « commun du peuple » à l'abri d'une
folie dont les « gens comme il faut » ont le monopole; et il se peut qu'à cet égard l'exemple du
« grand nombre » exerce quelque jour une salutaire influence sur le « petit nombre. »

C'est en rassemblant ainsi, partout où ils
existent, les élémens du bien, en protégeant en

tout lieu la vérité, la vertu et la félicité, mais
là principalement où elles agissent sur un vaste
domaine de pensée et d'action ; c'est en plaçant
ainsi aux mains de chaque homme un instrument de puissance et de bonheur, qu'on avancera
la grande cause de la morale. Si chaque homme
en particulier veut chercher à s'affranchir des
illusions mensongères auxquelles son propre bien-
être est sacrifié ; si chaque homme, en s'occupant du bien-être des autres, cherche à découvrir le vrai sens des mots et des choses par lesquels sont conduites les affaires sociales et nationales ; s'il veut essayer de faire rentrer dans le
domaine de son propre bonheur et de celui des
autres la phraséologie pompeuse de l'éloquence ;
s'il dépouille les opinions influentes de la parure
artificieuse dont l'intérêt et la passion les déco-
rent, s'il a le courage de dire : « Faites-moi voir
le bien ; faites-moi voir le mal ; montrez-moi
ce qu'il y a là de jouissance, ce qu'il y a de
souffrance » ; dès lors les semences déposées par
la véritable morale ne tarderont pas à produire
une abondante moisson, que la race humaine
tout entière est appelée à recueillir.

Mais, hélas ! telle n'a pas été la marche suivie
par les hommes investis du monopole de la mo-

rale : ces hommes qui, dans leurs pompeuses
prétentions, chargés de dignités, de richesses,
d'honneurs, enseignaient que c'était un sacri-
lége que de mettre en doute leur autorité, une
impiété de résister à leurs décrets.

Et quelle a été leur tactique, quelles leurs
conquêtes.

Ils ont eu l'art de dérober leur marche aux
regards de la foule, et leurs usurpations au contrôle de la conscience publique.

Ils ont enseigné aux humains à être silencieux,
secrets, soumis, accommodans : à haïr les innovations, à se joindre avec empressement à ceux
qui voudraient interdire tout accès à la lumière,
afin de s'épargner la fatigue d'examiner des projets qui affligeraient leur indolence, et le chagrin de se voir obligés d'adopter des mesures
qui opposeraient une barrière à leur cupidité.
De quel droit ces hommes viendraient-ils avec
des manifestations de sagesse, insulter à la faiblesse, à l'ignorance, à la médiocrité? Ils savent
que pour éviter au peuple les périls de la tentation, le plus sûr moyen est d'empêcher l'esprit
d'examen de pénétrer jusqu'à lui.

Combien de ces hommes qui, pendant six
jours, ont dans le cœur le démon de l'injustice,

de l'intrigue, de l'avidité, de la fraude, de la mauvaise foi, de la courtisanerie, de la bassesse, et qui se flattent d'arranger facilement les choses, si le septième jour ils vont entendre ce qu'ils appellent la parole du salut?

Combien qui vivent dans la pratique habituelle de ce qu'ils nomment eux-mêmes le *parjure*, et dans l'habitude tyrannique et plus coupable encore, d'imposer ce même parjure à autrui; hommes qui le matin s'éveillent au mensonge, et le soir s'endorment sur l'imposture?

Ne sont-ils pas les véritables auteurs de cette corruption, fille de la faiblesse, les propagateurs de cette immoralité, mère de tous les crimes?

On voit que, dans cet ouvrage, nous avons quelquefois employé des termes mathématiques; ceci exige une explication, afin de prémunir le lecteur contre deux dangers.

D'abord certains lecteurs pourront croire que nous avons atteint la certitude mathématique; d'autres, qui verront bien qu'elle n'a pas été obtenue, nous croiront la prétention d'avoir voulu l'atteindre. Il n'en est rien cependant. Cette certitude, nous ne l'avons pas obtenue, et nous ne l'affectons pas. Ce ne sont pas des expressions mathématiques qui peuvent imprimer une certitude mathématique aux *faits* que nous avons nécessairement dû mettre en avant comme base des notions présentées par nous ; mais elles peuvent servir à donner jusqu'à un certain point, à ces notions, une précision mathématique.

Mais la faiblesse et l'insuffisance du langage sont également une source d'embarras et pour l'écrivain et pour le lecteur. Il est probable que plus tard la philosophie morale créera de meilleurs modes d'expression, à mesure que les vérités morales s'introduiront dans l'esprit des hommes, et qu'on reconnaîtra l'indigence des termes existans. En attendant, le moraliste doit se servir des expressions qu'il a sous sa main : tout ce qu'il peut se permettre, c'est de hasarder de loin en loin une locution nouvelle. Et, bien que dans le cours de cet ouvrage, la nécessité de ces innovations se soit fait fréquemment sentir, cependant nous n'y avons eu recours que rarement et avec beaucoup de ménagement.

Cet ouvrage trouvera-t-il grâce aux yeux du dogmatisme ? Il est probable que non ! Nous espérons cependant que celui-là, quel qu'il soit, qui contestera le principe de la maximisation du bonheur, voudra bien citer les faits auxquels il

croit ce principe inapplicable. C'est pour lui un
devoir de le faire, s'il veut aborder cette discussion dans un esprit de vérité et de loyauté. Nous
proclamons ici une grande loi morale; ses prescriptions sont claires, intelligibles, et d'une
incontestable évidence. Nous croyons à cette
loi le mérite d'une application universelle, invariable. Si ses adversaires se retranchent sur
le terrain du mysticisme, son défenseur n'a
qu'un mot à dire, c'est que *lui* il combat au
grand jour, tandis que ses antagonistes s'entourent de ténèbres Si l'autorité arrive avec ses
commandemens arbitraires et despotiques, que
le Déontologiste se contente de dire qu'il raisonne *lui*, et *ne* menace *pas*. Si l'ascéticisme
chagrin proclame que le mal est le vrai bien, le
Déontologiste n'a qu'à répliquer que, pour *lui*,
le mal est le mal. Le monde décidera entre eux;
le monde, qui doit se créer son avenir, qui est
chargé de veiller à son propre bonheur, et qui
assignera aux disputans de nos jours telle influence qu'il lui plaira leur assigner. Est-il besoin
que l'auteur se justifie de la chaleur qu'il a mise
à défendre la cause du bonheur? C'est une cause
devant laquelle tout autre objet n'a qu'une importance secondaire. C'est une cause au-delà de

laquelle l'homme n'a rien à désirer, rien à accomplir. C'est le seul bien qui l'attache au présent, au passé, à l'avenir. C'est le trésor qui contient tout ce qu'il a, tout ce qu'il espère. Heureux qui a pu de loin montrer l'édifice! Plus heureux qui en ouvrira les portes!

www.ingramcontent.com/pod-product-compliance
Lightning Source LLC
Chambersburg PA
CBHW071627270326
41928CB00010B/1814